新型农民素质提升读本

黎德富　张　昭　杜晓宇　主编

中国农业科学技术出版社

图书在版编目(CIP)数据

新型农民素质提升读本/黎德富，张昭，杜晓宇主编．—北京：中国农业科学技术出版社，2012.7
ISBN 978-7-5116-0971-7

Ⅰ.①新… Ⅱ.①黎…②张…③杜… Ⅲ.①农民-素质教育-中国 Ⅳ.①D422.6

中国版本图书馆 CIP 数据核字(2012)第 134235 号

责任编辑 张孝安 白姗姗
责任校对 贾晓红

出 版 者 中国农业科学技术出版社
北京市中关村南大街 12 号 邮编：100081
电 话 (010)82109708(编辑室)(010)82109704(发行部)
(010)82109703(读者服务部)
传 真 (010)82109709
网 址 http://www.castp.cn
经 销 者 新华书店北京发行所
印 刷 者 北京富泰印刷有限责任公司
开 本 850mm×1 168mm 1/32
印 张 6.75
字 数 162 千字
版 次 2012 年 7 月第 1 版 2016 年 11 月第 3 次印刷
定 价 24.00 元

《新型农民素质提升读本》编委会

前　言

建设农民新村，培养新型农民是新时期农业、农村工作的重要内容。当前，各级党政对农业农村工作重视支持力度不断加大，各地现代农业发展突飞猛进，新农村建设如火如荼，提高广大农民群众的整体素质更显得尤为迫切。培养造就一大批有文化、懂技术、会经营的新型农民是农业部门的重要责任和使命。长期以来，广大农业科技人员不懈努力，依托农民培训项目，多形式、多途径开展农民教育培训工作，有效提高了农民群众的科学文化素质，一批带领群众增收致富、勇于创业的农村实用人才脱颖而出。

为进一步增强农民获取和运用科技知识的能力，改善生活质量，实现农民自主创新发展、农业全面协调可持续发展，并为更好地配合新型农民培训工作，我们组织专家编写了《新型农民素质提升读本》一书。该书涉及农业标准化、农产品质量安全、农村安全生产、农村经营管理以及卫生保健、环境保护、政策法规等多方面内容。其中，发展现代农业、推广先进技术、农户经营管理等内容，参与编写人员还有谭朝林、任建国、焦全爱、叶拓、杨忠安、唐洪兵、许蓉等，在此一并致谢！希望本书能为广大农民朋友高质量生活、高水平创业、高素质发展提供有益参考。

由于时间紧迫，编者水平有限，书中错误疏漏在所难免，敬请广大读者批评指正。

编　者

2012 年 5 月

目　　录

一、加强学习教育，提升道德素质

新农村需要新型农民，“素质低、观念落后、保守”不是我们农民的专利。生命要健康，生活要幸福，生产要快乐，生意要兴隆，生态要自然，关键在于人的素质。素质的焦点在做人；提高素质的根本途径是学习。

（一）做学习型的新型农民

新型农民与传统农民的区别在哪里呢？关键在素质的高低，只有高素质的农民，才能适应高品质的生活。

大量事实证明个人素质是决定我们生活质量的最重要的因素，高素质的人才会在社会中更有作为、更有出息。有人在对农民增收的因素进行了深入的分析后发现，在影响农民增收的众多因素中，最根本的因素，就是农民自身的素质，它是决定农民收入最深层次的原因，因此，他得出结论：部分农民素质偏低是影响农民增收的重要因素。

还有人研究了受教育程度高低与劳动就业的关系，研究发现：在第一产业就业劳动力的平均受教育年限要远低于在第二第三产业就业的劳动力，前者比后者分别少接受 2.7 年和 3.3 年的教育。说明：受教育水平越高，劳动力流入二三产业的能力越强，也就越有能力从初级体力劳动向高层次职业（职位）转变；受教育水平低的人，即使流入城市也只能从事一些简单的体力劳动。因此，农民自身素质低下，是限制就业能力的第一难。实际上在我们生活中不难发现，有知识、有能力的农民很容易在城里找到工资，而且工资较高，而受教育程度较低、素质差的农民外出务工就困难得多,工作也主要从事重体力活,工资也明显低,当然还有很多的走不出农村这块天地,成为“留守”劳动力。

在留守农村从事农业生产的农民中,也可以明显看出,由于素质的差异对生产生活的影响。受教育程度高、有一定头脑的农民,往往在接受新品种、新技术、新的生活方式等能力明显较强,他们在选择家庭经营方式、种养业发展项目,甚至生活娱乐方式等各方面都与“观念落后、保守”的传统农民不同,他们往往有自己的主见,不会“人云亦云”,选择的品种总是最优良的,选择的技术总是最先进的,选择的方式总是最科学的,因此,总是会达到“事半功倍”的效果,长期以往他们就成为周围农民的榜样、“带头人”。

(二)什么是新型农民

随着农村经济社会的发展,农民的文明意识也在逐渐增强,落后陈腐的生活观念也在日益改变,开始日益迫切地向往追求文明、科学的生活方式。当然我们自己也应意识到,由于长期受封建传统观念和小农生产方式的影响,还有相当一部分“文化程度低、科技意识不强、文明观念淡漠、陈规陋习根深”,这些低下的素质,不仅限制我们自身的发展能力,也直接影响我们的生活质量。在全国很多地方,一些城里人已经喊出:不欢迎“低素质人口”,甚至制定一些条条框框,限制所谓“低素质人口”进入城市,矛头直接指向的是部分农民。因此,我们在积极争取自身权力的同时,也要从自身做起,加强素质学习,做一个高素质的新型农民。

要推进社会主义新农村建设,必须培养有文化、懂技术、会经营的新型农民。

1. 新型农民核心素质

下面是人们对新型农民的六大核心素质进行了形象的图示,概括起来,新型农民必须具备下面的一些特征(图1)。

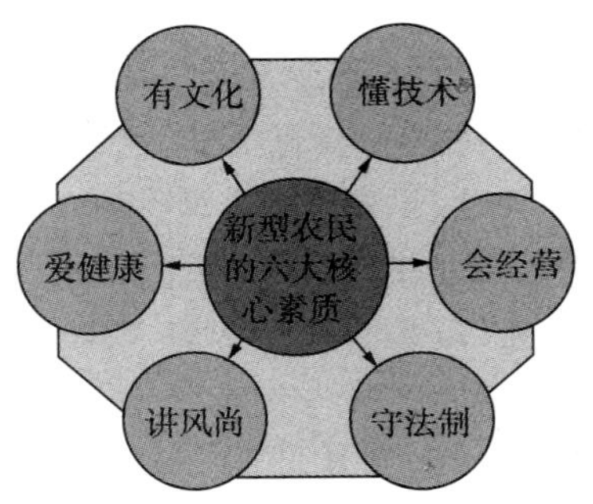

图1　新型农民核心素质示意图

①新型农民要有较高的思想道德素质，熟悉党和国家有关农业与农村经济的方针政策、法律、法规，具有鲜明的创业精神、创新意识、就业观念。

②新型农民要为人正直，积极向上，富有事业心，热爱祖国与人民；有一定的科技文化水平，具有较高的文化素质，掌握先进农业生产、农业现代技术知识与生产技能。

③有一定的经营管理与产业开发能力，能理论联系实际，边学习边创业，是中坚农户和科技示范户。

④新型农民要乐于带领周围农民学科技、用科技，共同富裕。总之，新型农民就是有文化、懂技术、善经营、会管理的农民。在文化技术、经营管理、骨干示范等方面是建设社会主义新农村的中坚力量，是中国农业专业化生产和产业化经营的高素质的劳动者和带头人。

2. 对新型农民提出的要求

人们对新型农民提出了各方面的要求，下面我们选取主要的、有代表性的摘录如下。

(1)“八荣八耻”记在心

以热爱祖国为荣，以危害祖国为耻；

以服务人民为荣，以背离人民为耻；

以崇尚科学为荣,以愚昧无知为耻;
以辛勤劳动为荣,以好逸恶劳为耻;
以团结互助为荣,以损人利己为耻;
以诚实守信为荣,以见利忘义为耻;
以遵纪守法为荣,以违法乱纪为耻;
以艰苦奋斗为荣,以骄奢淫逸为耻。

(2)应遵守的道德规范

道德规范:爱国守法、明礼诚信、团结友善、勤俭自强、敬业奉献。

社会公德:文明礼貌、助人为乐、爱护公物、保护环境、遵纪守法。

职业道德:爱岗敬业、诚实守信、办事公道、服务群众、奉献社会。

家庭美德:尊老爱幼、男女平等、夫妻和睦、勤俭持家、邻里和睦。

公共场所的公共道德:车辆、行人各走各的道;车辆、行人不乱穿马路,不闯红绿灯;自觉保持交通畅通,不人为造成交通堵塞;车辆、行人服从交警指挥;在公交站点为老、弱、病、残、孕及儿童主动让座;不闯红绿灯,不斜穿马路,不在有碍交通与安全的地方拦乘车辆;不违法带人,不擅自占用道路从事非法交通行为。

(3)正直做人,远离罪恶

不能小偷小摸、不沾染赌博恶习、不打架斗殴、拒绝毒品、不入黑社会、洁身自好、不做“二奶”和“情人”。

(4)改掉陋习,做文明人

讲卫生:不随地大小便,不乱扔果皮纸屑,不随地吐痰,勤洗手、洗澡、洗衣服。

树立公共意识:按顺序排队;遵守公共汽车秩序,礼貌让座;注意在公共场所衣冠整洁;不在公园内乱踏草坪、采摘花木;不破坏公物、乱涂乱画、乱贴小广告、损坏公物。

说话文明：不说脏话，不给人起外号或在公共场合大声喧哗

不占小便宜。

注重礼仪：养成良好的卫生习惯，服装整洁，行为得体。

拒绝封建迷信。

(5)克服消极心态

愤世嫉俗，缺乏动力。

缺乏恒心，懒散、不自律、逃避责任。

心存侥幸、幻想发财、不愿付出、只求不劳而获。

固执己见，不能容人，没有信誉，人际关系不好。

自卑懦弱、挥霍无度或吝啬贪婪、自大虚荣、清高傲慢、虚伪奸诈，不守信用、过分谨慎。

不能自我确定，不敢当机立断。

恐惧失败，害怕丢脸，不敢面对挑战，稍有挫折就后退。

(6)培养健康心态

树立自信：有毅力、豁达、不计较鸡毛蒜皮的小事；有乐观的精神，勇于面对生活中的变化；告诉自己能做什么，让自己变得重要；心存感激，重视自己的生命。

学会调节，变压力为动力；情绪低落时想想比我们更不幸的人；找贴心的朋友、长辈、领导谈谈心；改变习惯用语，换个角度就换个心情；多看看书、多换位思考；听听愉快的、鼓舞人心的音乐；经常使用积极的语句来提示自己；多微笑；多和家人保持联系。

(三)加强学习，做一个高素质的新型农民

1. 如何成为新型农民

新型农民是最富朝气、最富创造性、最富生命力的群体。在广大农村，新型农民是推进社会主义新农村建设的主力军，我们

要真正成为有所作为的新型农民，必须解决“缺知识、少技术、经营能力差、科技素质低”等问题，唯一的出路就是做一个“学习型”的农民，多学习、善思考。

我们可以从那些靠“闯世界”获得成功的农民朋友身上，看到他们不乏带有很多共性的东西，如敢于冲破土地的束缚；善于观察外部世界；勤于思考，善于学习，有适应市场经济的新观念；努力掌握专业技术，有发展后劲。而与那些“今天不想明天的事”、“年复一年推着过”、“闲时不琢磨，忙时胡乱种”的少数农民相比，具有明显的不同。

做一个“学习型”农民，是成为新型农民的基础，是自身发展的内力。我们应当自立自强，主动加强学习，学文化、学科技，开阔视野，转变思维方式，掌握致富本领，努力成为农业结构调整的促进者，农业产业化经营的带头人，科技兴农的排头兵。

2. 更新观念，掌握学习技巧

“罗马不是一天建成的”，新型农民也不是一天都能变成的。素质的提高是一个渐进的过程，知识的丰富也是一个积累的过程。我们一定要树立长期坚持不懈的观念，一定要有不达目的不罢休的信心和决心，日积月累，才能实现我们紧跟时代步伐、成为现代农民的梦想。

①加强学习，必须转变传统观念，放弃传统意识。转变观念，是提高农民素质的基本要求，也是实现从传统农民变为现代农民的关键。要正视我们身上传统意识根深蒂固、思想观念落后的现实，重视落后意识所具有的传承力。中国农民在几千年自给自足的小农经济环境中和封建制度的统治下，养成了与市场经济、社会发展和进步不相适应的相对落后的思想意识和观念：家庭作坊式经济、自给自足、重农轻商、多子多福、小富即安和“等靠要”思想等，这种落后的思想意识与观念是阻碍我们告别贫困、迈向文明、实现现代化的巨大障碍。只有从转变这些封

闭的、狭隘的意识和观念着手，使我们告别家庭家族和乡土为本的意识，摒弃重农轻商和因循守旧的观念，转变平均主义和迷信命运的思维，树立勤劳加科技才能奔小康的思想，养成学科技、用科技的好习惯，培养勇于创新、在竞争中求生存求发展、艰苦创业的新精神和新意识，才能真正让竞争、开拓、进取的新型农民思想占领我们的头脑。

落后的思想观念是捆住农民手脚的“绳索”，是妨碍农民增收致富的主要因素。不改变农民落后的思想观念，树立与现代农业市场经济相适应的新观念，促进农民增收就是一句空话。

②加强学习，必须因地制宜，注重方式和方法。加强学习，要注重实际，因地制宜。要根据自家的自然条件，经济条件，可发展条件，做好规划，选好项目，确定学习的方向方式和方法。学习科学文化知识有 3 种途径：一是在实际工作中学习；二是通过学校、培训班学习；三是通过电视、广播、网络、报刊书籍等方式自学。

具有一定文化程度和自学能力的农民，可以选择自学。根据自己的资金、资源、技术及相关条件，确定适宜开发的项目。然后购买相应的科技书籍，深入学习钻研，并请教科技人员，答疑解惑，提高自身科技文化素质。

参加政府举办的阳光工程培训、新型农民培训、扶贫培训等也是简单易行的方法。这些培训是政府出资补助专门为提升农民科技文化素质开展的培训。我们要根据自身的条件和需要，选择适宜的培训机构和培训项目，在专家的指导下，进行系统的学习，可以在较短时间内迅速提升我们的思想道德修养、科学技术水平和经营管理能力。

对具有一定经济条件，希望获得更高质量、更系统培训的农民，可选择相应职业技术学校或大专院校学习。这样学习知识面更宽更系统，还可从这些科研院校获取更多的先进信息、引进具有较好发展前景的科研成果或开发项目，实现快速致富的目的。

③加强学习，必须处处留心，持之以恒。学习是一个漫长而艰苦的过程，只有养成勤奋好学的良好习惯，把学习当成一种乐事，从乐事中寻找动力，才有可能长期坚持下去，多年以后才能达到潜移默化的效果，我们的心灵也就在一天一天的知识积累中得到升华，我们的素质也就在不知不觉中得到提升。学习过程还是考验我们观察力的过程，常言道：留心处处皆学问，要求我们随时随地都要注意身边发生的人和事，也许你身边的这个人就是你学习的楷模，你身边发生的事就是值得你借鉴的镜子。

在学习中我们还要根据自己的经营业务、发展项目等生产生活所需，有目的地开展学习，边学边用，理论联系实际，带着问题去学往往比死记硬背来得快，效果好。学习中，还要善于用脑，举一反三，把所学的东西真正变成自己的东西，不断丰富自己的知识，务求学有所用、学有所成，为建设富裕和谐的新农村做出贡献。

（四）积极参加教育培训

培育新型农民，一个重要方面是提高农民现代科技素质，增强其致富能力、创业能力和市场竞争能力。一是建立健全农民科技培训机制。加大农民科技培训投入，动员社会力量，整合各类培训资源，兴办农村职业技术学校，并运用田园学校、农民课堂、网络培训、科技党课等多途径、多形式培训农民，形成政府扶助、面向市场、多元办学的农民科技培训机制。二是大力普及农业科技知识。各有关部门、社团组织要开展经常性的“三下乡”活动，围绕增强农民增收致富本领的话题举办科普知识讲座。三是加强现代农业技能培训。按照需要什么、培训什么的原则，围绕绿色生产、节约生产和清洁生产，开展分类培训；积极培养农村科技骨干和实用人才，努力使每个农民都掌握一两门农业先进适用技术，每个村都有一批科技示范户；适应现代农业发展需要，有重点地加强对农村企业经营管理者的培训。

参加培训有诸多途径，如何选择有效的、适合自己的培训途径却不是一件容易的事，选择合适的培训途径必须考虑信息可靠性以及培训的内容要符合自身的需要等。

（五）做合格的职业农民

1. 什么是职业农民

职业农民是指把某种农业生产作为一种独立职业和产业进行经营并充分利用市场机制和规则来获取报酬的农民。

2. 职业农民的特征

职业农民有 4 个显著特征：一是属于新型农民的当然范畴；二是必须从事中药材生产和经营；三是必须以获取经济利益为目的；四是必须作为一种独立的职业。

3. 职业农民的认定

实行以资质评估为基础，以全面提高职业农民素质水平为目的的认定机制。认定工作坚持公开、公平、公正的原则。

4. 职业农民的资质条件

职业农民是以某种农业生产为独立的职业，进行产业化、规模化、集约化种植的大户或加工龙头企业、农民专业合作社成员。一般须具备以下条件。

①精神文明建设水平。坚持五讲四美三热爱，做有理想、有道德、有文化、有纪律的社会主义新型农民；

②经营规模或从业状况。产业规模超过规定标准的专业户或主要从事特色行业的产业化龙头企业、农民专业合作社成员；

③文化知识水平。具备初中及以上文化水平，经培训后达到相当于中等学历水平；

④农业职业技能水平。取得绿色培训合格证书(三级)或农业特有工种职业技能鉴定证书;

⑤知识更新能力。每年参加各级农业主管部门组织的教育培训1~2次,如阳光工程培训、新型农民培训、创业人才培训等各类培训;

⑥产值及效益。种植户每年产业收入达一定水平;

⑦专业水平。掌握相关产业生产基本知识和种植、贮藏保鲜等技能,能选择适宜的优良品种进行栽培和管理;

⑧加工营销水平。掌握相关产业加工营销的基本技巧;

⑨辐射带头作用。能有效辐射带动当地农户致富3~5户。

(六)加强农村党员党性教育

1. 什么是党性

党性,是指一个政党固有的本质特性。共产党员的党性就是无产阶级的阶级性最高而集中的表现。它是工人阶级政党在马克思列宁主义指导下,在长期的革命斗争中发展起来的,因此,它又是无产阶级世界观的集中表现。

中国共产党是中国工人阶级的先锋队,是中国各族人民利益的忠实代表,是领导中国社会主义事业的核心力量,这就是我们党所固有的、明显区别于其他政党的特性,也就是我们党的性质。

2. 党性原则的主要内容

党性原则,党为保持无产阶级先锋队的性质而规定的基本原则。其主要内容是:

①以马克思列宁主义、毛泽东思想作为党的指导思想的理论基础,并坚持理论联系实际的原则;

②以实现社会主义和共产主义的伟大理想为目标,并为之奋斗到底;

③一切从人民群众的利益出发,全心全意为人民服务;

④在党员高度自觉基础上建立起来的铁的纪律;

⑤密切联系群众,坚持群众路线;

⑥认真开展批评与自我批评,勇于承认和改正自己的缺点和错误,勇于并善于同一切错误思想和不良现象作斗争。

上述6个方面,从本质上体现了我们党所固有的特征和严格区别于其他政党的特点。这些党性基本原则,都是不可移易的,如果我们党放弃了这些原则,党就会变质,不再是工人阶级的先锋队了。一个共产党员忘记或违背了这些原则就是党性不强或丧失党性的表现。

3. 什么是党风

党风就是政党的作风。党风体现着一个政党的性质和宗旨,是一个政党及其党员的党性在行动中的表现。共产党的党风,是党的马克思主义世界观在各级党组织和全体党员的实践活动中的表现。党风就其表现形态来说,可分为思想作风、工作作风、生活作风、学风等方面,而外界对党的性质和党员标准的判断,往往就是通过党的作风来认识和评判的。

我们党在长期的革命斗争中,形成了一整套马克思主义的优良作风,其基本内容是:实事求是,理论联系实际的作风;密切联系群众的作风;认真开展批评和自我批评的作风;全心全意为人民服务的作风以及谦虚谨慎、艰苦奋斗的作风等。

党的三大作风,即理论和实践相结合的作风,和人民群众紧密联系在一起的作风,批评和自我批评的作风。

4. 怎样正确处理党的上级组织和下级组织的关系

按照党的民主集中制基本原则的规定:“下级组织服从上级组织。”也就是说,党的上级组织和下级组织是领导和被领导的关系。上级组织要经常听取下级组织的意见,及时解决他们提出的问题;对同下级组织有关的重要问题作出决定时,在通常情况下,要征求下级组织的意见;要保证下级组织能够正常行使他们的职权,支持下级组织积极主动、创造性地开展工作;凡属应由下级组织处理的问题,如无特殊情况不要干预。下级组织必须坚决执行上级组织的决定,既要向上级组织请示和报告工作,又要独立负责地解决自己职责范围内的问题;下级组织如认为上级组织的决定不符合本地区、本部门的实际情况,可以请求改变,如果上级坚持原决定,下级组织必须执行,不得公开发表不同意见,但有权向上一级组织报告。上下级组织之间要互通情报、互相支持和互相监督。

5. 党组织讨论决定问题为什么必须遵循少数服从多数的原则

少数服从多数是党的民主集中制的基本原则之一。也就是说党内的事情一经多数人通过或同意,就要按多数人的意见去办。少数人在自己的意见被否决之后,必须拥护多数人所通过的决定,除必要时可以在下一次会议再提出讨论外,不得在活动上有任何反对的表示。党组织讨论决定问题时,产生各种不同的看法,有时甚至出现完全相反的意见,这是正常的,但在作出决定时只能按多数人的意见办,如果没有少数服从多数这条原则,各种意见众说纷纭,许多问题就无法决定,工作就无法正常进行,党组织也就不可能成为有战斗力的统一整体。

6. 为什么说民主集中制是党的根本制度

①民主集中制之所以是根本的制度,是因为它根据无产阶级政党性质和无产阶级历史使命的要求,规范了党内生活的基本准则,是党赖以建立和发展的最基本的制度保证。我们党不是众多党员简单的数目总和,而是由全体党员按照民主集中制原则组织起来的统一整体。只有坚持民主集中制,才能正确处理党内各种关系和矛盾,保持党内生活正常化,充分调动全党的

积极性;才能使党的决策正确和执行有效,不断提高的执政水平和领导水平。民主集中制作为党的根本组织原则和根本组织制度,贯穿于党内各种组织制度之中,制约和规定着其他制度。

②民主集中制之所以是最合理的制度,是因为它实行的是多数原则,按照多数人的利益、多数人的意志、多数人的要求决定问题,因而是公正合理的。讲民主,是集中指导下的民主,不是极端民主化和无政府主义;讲集中,是在民主基础上的集中,不是官僚专制主义。这种民主与集中的辩证统一,是马克思主义认识和群众路线在党的生活和组织建设中的运用,能最大限度地集中全党的智慧,凝聚全党的力量,因而是科学合理的。

③民主集中制之所以是最便利的制度,在于它实行的是服从原则,决策中进行充分讨论,按多数人的意见决定问题,不允许相互扯皮;决策后组织和个人都要无条件执行,不允许各行其是;领导成员分工负责,分头去办,不允许互相推诿,因而具有简捷、灵活、效率高的特点。

④民主集中制是经过实践检验的科学制度。我们党的历史经验证明,民主集中制有利于保证党的团结和统一,有利于体现人民群众的根本利益和愿望,有利于党的路线方针政策的正确制定和执行。

7. 党的民主集中制的基本原则

①党员个人服从党的组织,少数服从多数,下级服从上级,全党各个组织和全体党员服从党的全国代表大会和中央委员会。

②党的各级领导机关,除它们派出的代表机关和在非党组织中的党组外,都由选举产生。

③党的最高领导机关,是党的全国代表大会和它所产生的中央委员会。党的地方各级领导机关,是党的地方各级代表大会和它们所产生的委员会。党的各级委员会向同级的代表大会

报告工作。

④党的上级组织要经常听取下级组织和党员群众的意见，及时解决他们提出的问题。党的下级组织既要向上级组织请示和报告工作，又要独立负责地解决自己职责范围内的问题。上下级组织之间要互通情报、互相支持和互相监督。

⑤党的各级委员会实行集体领导和个人分工负责相结合的制度。凡属重大问题都要由党的委员会民主讨论，作出决定。

⑥党禁止任何形式的个人崇拜。要保证党的领导人的活动处于党和人民的监督之下，同时维护一切代表党和人民利益的领导人的威信。

8. 理论联系实际的含义

理论联系实际有两层含义：①它要求我们必须认真掌握马克思主义理论，掌握正确认识和分析问题的立场、观点、方法。因为，没有革命的理论，任何实践都将是盲目的实践。②它要求我们在运用马克思主义理论时，必须从实际出发，不能生搬硬套。马克思主义理论只有联系实际，才能正确地指导革命实践，以及接受实践的检验，并在实践中不断得到发展，也只有这样，马克思主义理论才是最有生命力和战斗力的。把这两层含义统一起来理解，所谓理论联系实际的作风，也就是一切从实际出发，实事求是，在实践中检验和发展真理的作风。这实质上是坚持什么样的思想路线问题。最根本的就是坚持实事求是，反对主观主义。

9. 什么是密切联系群众的作风

中国共产党同人民群众的关系，基本上表现为：一方面，党是人民群众的司令部，如果没有党的领导，人民群众的革命斗争就会失败，这已为长期的斗争实践所证明；另一方面，人民群众是党的力量源泉和胜利之本，离开人民群众，党将一事无成。因此，党要成为工人阶级的先锋队，充分发挥其领导作用，就必须在各项工作中坚持“从群众中来，到群众中去”的群众路线，要求每个党员都应具备密切联系群众的作风。

密切联系群众，必须树立群众观点，以正确的态度对待人民群众。树立“一切为了人民群众的观点，一切向人民群众负责的观点，相信群众自己解放自己的观点，向人民群众学习的观点”，真心实意地去密切联系群众。否则，就会南辕北辙。

密切联系群众，必须坚持群众路线的工作方法。所谓群众路线，就是将群众的意见集中起来，又到群众中去做宣传解释，化为群众的意见，使群众坚持下去，见之行动，并在群众运动中去检验这些意见是否正确。然后再将群众意见集中起来，再到群众中坚持下去，如此循环，一次比一次更正确、更生动、更丰富。群众路线是党的根本工作路线，认真地而不是敷衍地贯彻这个路线，党才能制定出代表群众利益的路线、方针和政策，才能真正成为群众利益的代表者和领导者。

密切联系群众，必须反对官僚主义和特殊化思想，特别要同以权谋私等腐败作风进行斗争。否则，就会影响党同群众的鱼水关系，严重损害党的形象。现在人民群众关心的党风问题，不是指党的路线不能代表他们的利益，主要是指某些党员干部的官僚主义、以权谋私、特殊化等严重脱离群众的行为。因此，必须要坚持不懈地反对官僚主义、特殊化和以权谋私等，才能使党和群众永远保持密切的联系。

10. 什么是批评与自我批评的作风

自我批评，是指政党或个人对自己的缺点和错误进行自我揭露和剖析。党内开展批评是解决党内矛盾的基本方法，是在马克思主义原则基础上实现党的团结，加强党内监督，保持党的肌体健康，使党充满生机与活力的有力武器。而能认真地进行自我批评，是马克思主义政党的一个重要标志。中国共产党是中国各族人民利益的忠实代表，除了人民的利益没有自己的特殊利益，同时，它集中了工人阶级的优点和特点，光明磊落，大公无私，所以能够认真地开展批评与自我批评，毫无顾虑地承认和纠正自己所犯的错误。

二、增强法制意识，懂法守法用法

随着社会的进步和生活水平的提高，与人民生产、生活、生命财产息息相关的法律问题也不断出现，特别是广大农村，由于对法律知识的缺乏和了解，许多农民朋友在权利受到侵犯时不知道利用法律保护自己，在无经意中触犯了刑律还不知道自己已犯法，所以，增强农民朋友的法律意识和提高他们对法律知识的了解是十分必要的。

（一）法律基本常识

1. 法律的概念

法，是由国家制定或认可，并由国家强制力保证实施的，反映统治阶级意志的规范体系，这一意志的内容是由统治阶级的物质生活条件决定的，它通过规定人们相互关系中的权利和义务，确认、保护和发展对统治阶级有利的社会关系和社会秩序。

2. 犯罪

《中华人民共和国刑法》（以下简称《刑法》）第 13 条规定："一切危害国家主权、领土完整和安全，分裂国家、颠覆人民民主专政的政权和推翻社会主义制度，破坏社会秩序和经济秩序，侵犯国有财产或者劳动群众集体所有的财产，侵犯公民私人所有的财产，侵犯公民的人身权利、民主权利和其他权利，以及其他危害社会的行为，依照法律应当受刑罚处罚的，都是犯罪，但是情节显着轻微危害不大的，不认为是犯罪。”

3. **强奸罪**

是指以暴力胁迫或者其他手段，违背妇女的意愿，强行与其发生性交的行为。认定此罪的关键，是行为人必须违背妇女的意愿而与之发生性行为。主要有以下几种表现：①使被害人失去抵抗能力的暴力手段。②对被害人使用威胁恫吓的胁迫手段。③利用妇女患重病、熟睡之机以醉酒、药物麻醉，利用或假冒治病，乘机奸淫的。

与年龄不满 14 周岁女性发生性关系的，一律以强奸罪论处。

4. **胁迫妇女卖淫罪**

是指以营利为目的，使用暴力、威胁等手段，迫使妇女卖淫的行为。强迫自己的家庭成员卖淫也是犯罪行为。

5. **拐卖人口罪**

是指以营利为目的，用欺骗、利诱、胁迫等手段拐卖妇女、儿童的犯罪行为。合谋参与拐骗、接递、中转、窝藏、出卖、转卖妇女和儿童等犯罪活动的，分别以一般共同犯罪或犯罪集团成员论处。拐卖自己家庭成员的行为，也属犯罪。

6. **侮辱罪**

用暴力或者其他方法，公然侮辱他人人格，败坏他人名誉，情节严重的构成犯罪。本罪客观上表现为公然侮辱他人的行为，主观上有故意贬低他人人格，败坏他人名誉的目的，且情节严重。

7. **妨碍公务罪**

是指以暴力、威胁的方法阻碍国家工作人员依法执行公务的行为。其侵犯的对象必须是正在依法执行公务的人员。特别注意的是：公务人员参与自己家庭、亲朋好友等与他人的纠纷时，不属公务行为，若以公务身份参与此类事件，则本身就是违纪违法行为。

8. 虐待罪与遗弃罪

虐待罪:是指一贯以打骂、冻饿、禁闭、强迫从事过度劳动,有病不给治疗,或以其他方法迫害家庭成员,摧残其身心健康,情节恶劣的行为。

遗弃罪:是指对于年老、年幼、患病、残疾或者其他没有独立生活能力的人,负有扶养义务而拒绝扶养,情节恶劣的行为。

9. 法制与法治的区别

法制,是国家法律制度的总和。它包括立法、执法、司法、守法。法律监督的合法性原则、制度、程序和过程。中国法制的基本要求是:“有法可依、有法必依、执法必严、违法必究”。

法治,既是指一种治国的思想体系,又是指一套治国的方法、原则和制度,还是指通过这种治国方法、原则和制度的实现,而产生的一种社会状态。它强调“以法治国”、“依法办事”、“法律至上”、“ 法律主治”、“制约权力”、“保障权利”的价值、原则和精神。

10. 平等意识

中国当前法的适用原则是:①“公民在法律目前一律平等”。②“以事实为依据,法律为准绳”。这既是中国公民的一项基本权利,也是中国法适用的基本原则。“公民在法律面前人人平等”,其含义包括:第一,法律对于全体公民,不分民族、种族、性别、职业、家庭出生、宗教信仰、受教育程度、财产状况等,都是统一适用的,所有公民享有同等的权利。承担同等的义务。第二,任何权利受到侵犯的公民一律平等地受到法律保护,不能歧视任何公民。第三,不论任何诉讼的过程中,都要保证当事人享有平等的权利,不能偏袒任何一方。保证参与人的合法权利。第四,任何公民的违法犯罪行为,都必须同样地追究法律责任,依法给予相应的法律制裁,不允许有不受法律约束和凌驾于法律之上的特殊公民，任何超出法律之外的特殊待遇，都是违法的。“以事实为依据，法律为准绳”之含义包括：第一，司法机关审理一切案件，都只能以与案件有关的客观事实，作为唯一根据，而不能以主观臆想作依据。第二，严格依照法律规定办事，切实做到有法必依、执法必严、违法必究。

总之，所谓“平等”，就是在法律地位上的完全平等。

11. 证据意识

证据，是证明（案例）事实的依据，证据问题是诉讼（即常说的“打官司”）的核心问题。所谓“以事实为依据”，事实，就是靠证据来支持。全部诉讼活动，实际上都是围绕证据的搜集和运用进行。所以，有人说“打官司”，实际上就是“打证据”。无论何等真实的事实，没有证据支持，都是无说服力的。这就相当于俗话讲的“空口说白话”。在日常生活和参与经济活动中，若不注意留存和保管好证据，常常只能是“哑巴吃黄连——有苦说不出”。

12. 时间（时限、时效）意识

在一切民事交往和经济活动中，都应事前在时间上有约定（法律规定要求书面约定的，必须有书面约定），并按时行使权利或兑现承诺即履行义务。在与行政部门、司法机关打交道的一切活动中，都必须注意到法律关于时限、时效的具体规定。否则，就只能承担不利己方的法律后果。比如，《中华人民共和国民法通则》规定：“向人民法院请求保护民事权利的诉讼时效期间为 2 年，法律另外规定的除外”。“下列的诉讼时效期间为 1 年，身体受到伤害要求赔偿的；出售质量不合格商品未声明的；追付或拒付租金的；寄存财物被丢失或损毁的”。法律还明确“诉讼时效期间从知道或者应当知道权利被侵害时起算，但是从权利被侵害之日起超过 20 年的，人民法院不予保护”。诸如类似规定，各门类、各具体法律法规都有详细规定，必须高度重视。

(二)日常生活中需了解的法律知识

1. 公民人身自由、人格尊严不受侵犯

公民"人身自由、人格尊严不受侵犯,住宅不受侵犯,通信自由和通信秘密受法律保护"。这是《宪法》赋予公民的基本权利之一。法律还明确:"任何公民,非经人民检察院批准或者决定或者人民法院决定,并由公安机关执行,不受逮捕"。"禁止非法拘禁和以其他方法非法剥夺或者限制公民的人身自由,禁止非法搜查公民的身体"。"除因国家安全或者搜查刑事犯罪的需要,由公安机关或者检察机关依照法律规定的程序对通信进行检查外,任何组织或个人不得以任何理由侵犯公民的通信自由和通信秘密。"

2. 公民年龄与民事行为能力

"18 周岁以上的公民是成年人,具有完全民事行为能力。16 周岁以上不满 18 周岁的公民,以自己的劳动收入为主要生活来源的,视为完全民事行为能力人。"

"10 周岁以上的未成年人是限制民事行为能力人,可以进行与他的年龄、智力相适应的民事活动。"

"不满 10 周岁的未成年人是无民事行为能力人,由他的法定代理人代理民事活动。"

3. 违法不等于犯罪

犯罪必然违法,而违法则不一定犯罪。

违法是指一切违反国家的宪法、法律、法令、行政法规和行政规章的行为。其外延极为广泛。而犯罪则专指违反《刑法》的有关规定,必须受到刑法处罚的行为。也就是说,只有应当受到刑法处罚的行为,才是犯罪。《刑法》还规定,情节显著轻微,危害性不太大,不认为是犯罪。亦即说明:行为的情节和对社会的危害程度,是区分违法与犯罪的界限。

4. 醉酒的人犯罪应当负刑事责任

《刑法》规定:醉酒的人犯罪应当负刑事责任。对病理性醉酒的人犯罪(指行为人本身有潜在的病情,偶尔少量饮酒便引起病理性醉酒)也负刑事责任。但人民法院审理时,可根据特殊情节,酌情处理。

5. 酒后驾驶

第十一届全国人大常委会第二十次会议对《中华人民共和国交通安全法》作出如下修改:

饮酒后驾驶机动车的,处暂扣6个月机动车驾驶证,并处一千元以上二千元以下罚款。因饮酒后驾驶机动车被处罚,再次饮酒后驾驶机动车的,处10日以下拘留,并处一千元以上二千元以下罚款,吊销机动车驾驶证。

醉酒后驾驶机动车的,由公安机关交通管理部门约束至酒醒,吊销机动车驾驶证,依法追究刑事责任,5年内不得重新领取机动车驾驶证。

饮酒后驾驶运营机动车的,处15日拘留,并处五千元罚款,吊销机动车驾驶证,5年内不得重新领取机动车驾驶证。

醉酒后驾驶运营机动车的,由公安机关交通管理部门约束至酒醒,吊销机动车驾驶证,依法追究刑事责任,10年内不得重新领取机动车驾驶证。重新领取机动车驾驶证后,不得驾驶运营机动车。

饮酒或醉酒驾驶机动车发生重大交通事故,构成犯罪的,依法追究刑事责任,并由公安机关交通管理部门吊销机动车驾驶证,终身不得重新取得机动车驾驶证。

本决定自2011年5月1日起施行。

说明:饮酒驾车,是指车辆驾驶人员血液中酒精含量大于或者等于20毫克/100毫升,小于80毫克/100毫升的驾驶行为。

醉酒驾驶，是指车辆驾驶人员血液中酒精含量大于或者等于 80 毫克/100 毫升的驾驶行为。

（据专家估算："饮酒"标准的 20 毫克/100 毫升，大致相当于一杯啤酒。"醉酒"标准的 80 毫克/100 毫升，则相当于三两低度白酒或者两瓶啤酒。）

6. 正当防卫

《刑法》规定：为了使公共利益、本人或者他人的人身和其他权利免受正在进行的不法侵害，而采取的正当防卫行为，不负刑事责任。它是指出了公民对正在进行的不法侵害行为，有权采取防卫手段，以保护公共利益和公民权利。

但正当防卫应注意两点：一是对"正在进行的不法侵害"行为，才能采取正当防卫。二是正当防卫应注意适度。如防卫过度，并造成伤害，则应负刑事责任。如果侵害人已丧失侵害能力或主动放弃侵害，则不得再采取措施，否则，就超出了"正当"范围。

7. 自首行为的认定

认定自首的条件是：犯罪分子作案后，必须同时具备自动投案、如实交代自己的罪行、接受审查和裁判这样 3 个条件。

自动投案：通常是指犯罪事实或者犯罪分子未被司法机关发觉、或者虽被发觉，但犯罪分子尚未受到讯问，未被施以强制措施时自动投案的。自动投案，一般应是犯罪分子本人直接向公安、检察或审判机关主动投案。对于向所在单位、城乡基层组织或者其他有关负责人投案的；本人因病、伤，或者为了减轻犯罪后果，而委托他人先代为投案，或者先以信件投案的；犯罪分子的罪行，尚未被司法机关发觉，仅因形迹可疑，被有关组织查询、教育后，自动投案的；犯罪后逃跑，在通缉、追捕过程中，自行投案的；经查实犯罪分子确已准备去投案，或者正在投案途中，被公安机关捕获的，都应视为自动投案。

如实交代自己的罪行:是指犯罪分子自动投案后,全部交代自己的罪行或者至少是如实地交代自己的主要犯罪事实。共同犯罪案件中的犯罪分子,还应当交代出所知的同案犯,主犯则必须揭发同案犯的罪行。

接受审查和裁判:是指犯罪分子自动投案、如实交代自己的罪行后,必须听候、接受司法机关的侦察、起诉和审判,不能逃避。犯罪分子自首后,为自己进行辩护,或者提出上诉,或者更正和补充某些事实的,都应当允许,不能以此视为不接受审查和裁判。

8. 年龄与承担刑事责任的关系

①中国刑法规定公民完全承担刑事责任年龄为16周岁,相对负刑事责任年龄为14周岁,完全不负刑事责任年龄为14周岁以下。

②已满14周岁的公民,犯以下各罪应承担刑事责任:故意杀人、故意伤害致人重伤或死亡、强奸、抢劫、贩卖毒品、放火、爆炸、投毒。

9. 刑事追诉时效期限

犯罪行为经过下列期限不再追诉。

①法定最高刑为不满5年有期徒刑的经过5年;

②法定最高刑为5年以上不满10年有期徒刑的经过10年;

③法定最高刑为10年以上不满15年有期徒刑的经过15年;

④法定最高刑为无期徒刑、死刑的经过20年,如果20年以后认为必须追诉的须报请最高人民检察院核准。

在人民检察院、公安机关、国家安全机关立案侦查或者人民法院受理案件以后逃避侦查或者审判的,不受追诉时效期限的限制,被害人在追诉期限内提出控告,人民法院、人民检察院、公安机关应当立案而不予立案的，不受追诉期限的限制。追诉期限从犯罪之日计算，犯罪行为有连续或继续状态的，从犯罪行为终了之日起计算，在追诉期限以内又犯罪的前罪追诉的期限从犯后罪之日起计算。

10. 相邻关系

财产相互毗邻的所有人或使用人，在各自行使自己的合法权利时，都要尊重他方所有人或使用人的权利，相互间应当给予一定的方便或接受一定的限制。法律将这种相邻之间关系，用权利义务的形式确定下来，就是相邻关系。

处理相邻关系的3个原则是：①有利生产；②方便生活；③公平合理。在处理截水、排水、通行、通风、采光等方面的相邻关系时，不得因所有权而妨碍他人必须使用权，也不得因必须使用权而不顾及他人的所有权。

11. "夫债妻还"合法吗?

如果放弃继承则可以不承担偿还夫债的法律责任；如果被继承的遗产不足以偿清债务，剔除将遗产抵偿外，不足部分可以依法不再负偿还责任。但是，如果丈夫生前所借之债，是为了维持夫妻共同生活，则不受此限。

子女同样没有义务为父母偿还与自己没有经济利益关系的债务。

12. 继兄弟姐妹之间的继承关系

若继兄弟姐妹之间具有扶养关系，则相应具有继承权。如没有扶养关系，则没有继承权。

13. "生不赡养，死不继承"的协议合法吗?

确定赡养扶助义务，并不以是否继承遗产为前提。而一般是以是否受被赡养人抚养为依据。在父母年老生活困难的情况下，凡有赡养扶助能力的子女，都应尽赡养扶助义务。所以，不继承财产就不赡养的做法是错误的。即使年老夫妇及其全部子女自愿达成此类协议,也是不合法的。

14. 立遗嘱无需征得子女同意

遗嘱属于单方面法律行为。就是说,只要立遗嘱按照自己的意愿,并且,以符合法律规定的方式立的遗嘱,其内容又符合法律要求,所立遗嘱就具有法律效力。根本无须子女等法定继承人同意。

法律还规定,遗嘱继承优先法定继承。

15. 何种情况下公安人员可扣留居民身份证

公安机关在执行任务时,有权查验居民身份证,但是,除了被依法执行强制措施的人,公安机关可以扣留其居民身份证外,任何单位(包括公安人员)和个人都无权扣留公民的居民身份证。

16. 合法的合同才有效

有下列情况时,是无效经济合同:①违反法律和国家政策的合同。②代理人超越代理权限签订的合同,或以被代理人的名义同自己或者同自己所代理的其他人签订的合同。③采取欺诈,胁迫等手段所签订的合同。④违反国家利益或社会共同利益的经济合同。

无效的经济合同,从订立之时起,就没有法律约束力。确认经济合同部分无效时,如果不影响其余部分的效力,其余部分仍然有效。

17. 关于民间借贷

①民间借贷的利率可以适当高于银行的利率,但最高不得超过银行同类贷款利率的 4 倍(包含利率本数)。

②根据中国的法律规定和司法实践,借款的利息不得预先在本金中扣除。在借款时将利息扣除的,应当按实际借款数返

还并计算利息。

③在借贷关系中，仅起联系、介绍作用，对债务的履行没有保证意思表示的，不承担保证责任。

④有保证人的借贷债务到期后，债务人有清偿能力的，由债务人承担责任；债务人不能履行债务的或者债务人下落不明的，由保证人承担连带责任。

18. 无效婚姻、可撤销婚姻

修订后的婚姻法增设了无效婚姻和可撤销婚姻制度，规定有下列情形之一的，婚姻无效：①重婚的；②有禁止结婚的亲属关系的；③婚前患有医学上认为不应当结婚的疾病，婚后尚未治愈的；④未到法定婚龄的。

因胁迫结婚的，受胁迫的一方可以向婚姻登记机关或人民法院请求撤销该婚姻。

无效或被撤销的婚姻，自始无效。当事人不具有夫妻的权利义务。同居期间所得的财产，由当事人协议处理，协议不成时，由人民法院根据照顾无过错方利益的原则判决。对重婚导致的婚姻无效的财产处理，不得侵害合法婚姻当事人的财产权益。当事人所生的子女，适用本法有关父母子女的规定。

19. 夫妻共同财产、个人所有财产和约定财产

修改后的婚姻法对夫妻共同财产、个人特有财产和约定财产制作出如下具体规定。

共同财产：夫妻在婚姻关系存续期间所得的下列财产，归夫妻共同所有：①工资、奖金；②生产、经营的收益；③知识产权的收益；④因继承或赠予所得的财产，但遗嘱或赠与合同中确定只归夫或妻一方的财产除外；⑤其他共同所有的财产。

个人所有财产：有下列情形之一的，为夫妻一方的财产：①一方的婚前财产；②一方因身体受到伤害获得的医疗费、残疾人生活补助费等费用；③遗嘱或赠与合同中确定只归夫或

妻一方的财产;④一方专用的生活用品;⑤其他应当归一方的财产。

约定财产:①夫妻可以约定婚姻关系存续期间所得的财产以及婚前财产归共同所有、各自所有或部分共同所有、部分各自所有。没有约定或约定不明确的,适用婚姻法关于共同财产制或个人财产制的规定。②夫妻对婚姻关系存续期间所得的财产以及婚前财产的约定,对双方具有约束力。③夫妻对婚姻关系存续期间所得的财产约定归各自所有的,夫或妻一方对外所负的债务,第三人知道该约定的,以夫或妻一方的财产清偿。④离婚时,原为夫妻共同生活所负的债务,应当共同偿还。共同财产不足清偿的,或财产归各自所有的,由双方协议清偿,协议不成时,由人民法院判决。

20. 法定继承的顺序

法定继承遗产按照下列顺序继承:

第一顺序:配偶、父母、子女。

第二顺序:兄弟姐妹、祖父母、外祖父母。

继承开始后,由第一顺序继承人继承,第二顺序继承人不继承。没有第一顺序继承人继承的,由第二顺序继承人继承。

继承法所说的子女,包括婚生子女、非婚生子女、养子女和有扶养关系的继子女。父母,包括生父母、养父母和有扶养关系的继父母。兄弟姐妹,包括同父母的兄弟姐妹、同父异母或者同母异父的兄弟姐妹、养兄弟姐妹、有扶养关系的继兄弟姐妹。

(三)农村实用法律知识解答

1. 宅基地权属以及地界问题

在农村,集体划归村民的宅基地,可长期使用,但所有权归集体,严禁买卖,出租和违法转让。但是,宅基地上的附着物,如房屋、树林、厂棚、猪圈等，永远归村民所有，村民有出租和买卖的权利。

未经规划的宅基地，对地界有争执的，四至（四面边界）明确的，应以四至为准；四至不明确的，应参照长期以来的使用情况，本着有利生产、生活的原则，合理解决。

2. 农村土地承包及流转的有关问题

十七届三中全会通过了“中共中央关于推进农村改革发展若干重大问题的决定”中，再次重申了以家庭联产承包为基础，统分结合的双层经营体制，是党的农村政策的基石，必须毫不动摇地坚持，现有的土地承包关系要保持稳定并长久不变，说明了土地承包责任制将长期存在，针对各地在承包土地过程中出现的一些问题，我们要着重了解以下几个问题。

（1）承包期内，发包方可以任意调整承包地吗

答案是否定的，《农村土地承包法》第 27 条规定：承包期内，发包方不得调整承包地，除非在承包期内，因自然灾害严重毁损承包地等特殊情形对个别农户之间承包的耕地和草地需要适当调整的，必须经本集体经济组织成员的村民会议 2/3 以上成员或者 2/3 以上村民代表的同意，并报乡（镇）人民政府和县级农业行政主管部门批准。另外，如果承包合同中约定不得调整的，不能调整。（注意：《土地承包法》第 26 条规定：承包期内，承包方全家迁入小城镇落户的，其土地经营权得到保护，承包方全家迁入设区的市，转为非农户口，应当将承包的耕地或草地交回发包方）。

（2）承包人死亡后，其继承人能否继承和承包

依照《土地承包法》第 31 条规定：承包人应得的承包收益，依照继承法的规定继承：法定继承、遗嘱继承、遗赠扶养协议。继承人可以是本集体经济组织的成员，也可以不是，但是，农民的承包以户为单位进行承包，林地承包的承包人死亡，其继承人可以在承包期内继续承包。

(3)土地流转的方式有哪些

真正使土地这一重要生产要素流动起来，是增加农民财富，特别是资本性收入的重要渠道，另外流转可以实现规模经营、产生农业综合效益。一家一户、零星发展不利于土地向种田能手、种田大户转移。《农村土地承包法》第32条规定：通过家庭承包取得土地承包经营权可以依法转包、出租、互换、转让或者其他方式流转，流转的收益归承包方所有。

十七届三中全会的决定中再次聚焦土地流转问题，表述为：加强土地承包经营权流转管理和服务，建立健全土地承包经营权流转市场，按照依法自愿有偿原则，允许农民以转包、出租、互换、转让、股份合作等形式流转土地承包经营权，发展多种形式的适度规模经营，在土地流转中不得改变土地集体所有性质，不得改变土地用途(焦点访谈，土地怎能如此流转)，不得损害农民土地承包权益。

流转遵循六字原则：依法、自愿、有偿。

流转遵循3个规定：不得改变集体土地的所有权，不得改变农业用地的使用用途，不得侵害土地承包经营权人的合法权益。

(4)土地承包的期限到底有多少年

依照土地承包法：耕地为30年；草地为30~50年；林地为30~70年。

依照十七届三中全会决定，土地承包期限还要延长，到底多少年，说不准，要待后续政策出台，但延长是毫无异议的。因为延长农村土地承包期限，是对农民所拥有土地权利的坚实的法律上和制度上的保障，有利于保障农民合法权益，维护农村社会稳定，再者延长土地承包期限，有利于提高农民土地承包权的“含金量”，农民可以从流转中获得资金，向城市转移准备必要的经济条件和基础。

(5)土地承包流转纠纷如何解决

发生土地承包及流转纠纷，依照“土地承包法”的规定，有4

种解决方式:协商、组织调解(村民委员会和乡镇人民政府)、仲裁(县、乡的农村土地承包仲裁委员会)、诉讼。

3. 村民自治问题

《村民委员会组织法》规定了村民委员会是村民自我管理、自我教育、自我服务的基层群众性自治组织,实行民主选举、民主决策、民主管理、民主监督。十七大报告指出:要坚持和完善基层群众自治制度。

(1)村民委员会与农村基层党组织是什么关系

村党支部是农村的基层组织,按照党章进行工作,发挥领导核心作用,依照宪法和法律,支持和保障村民开展自治活动,直接行使民主权利。

(2)村民委员会主任、副主任和委员

由村民直接选举产生,每届任期 3 年,可以连选连任。

(3)年满 18 周岁的村民,都有选举权和被选举权

但是,依法被剥夺政治权利的人除外。

(4)村民委员会的选举由村民选举委员会主持

村民选举委员会成员由村民会议或者各村民小组推选产生。

(5)村民委员会的选举程序

①由有选举权的村民直接提名候选人,候选人名额应当多于应选名额;②由有选举权的村民的过半数投票,选举有效;③候选人获得参加投票的村民的过半数的选票,始得当选。

(6)村民会议讨论决定的事项有哪些

村民会议由本村 18 周岁以上村民组成,召开时,应当有 18 周岁以上村民过半数参加或者有本村 2/3 以上的户代表参加,所做决定应当经到会人员的过半数通过,涉及村民切身利益的下列事项必须提请村民会议讨论决定,方可办理:①村集体经济所得收益的使用;②村办学校、村建道路等村公益事业的经费筹集方案;③村集体经济项目的立项,承包方案及村公益事业的建设承

包方案；④村民的承包经营方案；⑤宅基地的使用方案；⑥村民会议认为的应当由村民会议决定的涉及村民利益的其他事项。

(7)村务公开制度的内容是什么

《村民委员会组织法》第22条规定：村民委员会实行村务公开制度，村民委员会应当及时公布下列事项，其中涉及财务的事项至少每6个月公布一次，接受村民的监督：①村民委员会组织法第19条规定的由村民会议讨论决定的事项及实施情况；②国家计划生育政策的落实方案；③救灾救济款物的发放情况；④水电费的收缴以及涉及本村村民利益、村民普遍关心的其他事项。

(8)村委会成员任职期间有下列情形之一的，职务自行终止

①被依法追究刑事责任或被劳动教养的；

②未经村民委员会同意连续3个月不参加村委会工作的。

4. 村民与森林、土地管理和宅基地

(1)采伐林木必须申请采伐许可证

农村村民采伐房前屋后个人所有的零星林木除外。

(2)单位之间或单位与个人之间、个人与个人之间发生林地所有权使用权争议

林木争议由乡级人民政府或县级人民政府处理。对处理不服，可向人民法院起诉，争议解决之前不得砍伐争议林地，破坏地上附着物。

(3)村民会议可以要求调整自留山、责任山吗

不可以。在承包期内必须稳定不变。

(4)《土地管理法》对农村宅基地问题有哪些规定

①根据《土地管理法》第62条规定：农村村民一户只能拥有一处宅基地，其宅基地的面积不得超过省、自治区、直辖市规定的标准(四川我省规定，山区、丘陵地区、城郊、农村集镇每户不得超过160平方米)。

②农村村民建住宅，应当符合乡镇土地利用总体规划，并尽

量使用原有的宅基地和村内空闲地。

③农村村民住宅用地,经乡镇人民政府审核,由县级人民政府批准,其中涉及占用农用地的要办理农用地转用审批手续。

④农村村民出卖、出租住房后,再申请宅基地的,不予批准。

在十七届三中全会决定中,再次强调了要健全严格规范的农村土地管理制度,其中包括坚持最严格的耕地保护制度(谷乃国之本,民以食为天,粮食安全危及到国家安全),坚持18亿亩耕地红线,要划定永久基本农田,建立保护补偿机制(农民的宅基地可能要确权登记)。

(5)宅基地可以转让或继承吗

《土地管理法》第8条规定:农村村民的宅基地,属于农民集体所有,农村村民对宅基地只有使用权而无所有权,所以宅基地是不准转让和买卖。

能否继承?既然宅基地不属于村民私有财产,因而不能继承,但是房地产、房屋属于私有财产,是继承法可以继承的对象,宅基地的使用权也就随之转移。

5. 没有法律、法规、规章依据的收费、罚款,农民能否拒交

《农业法》第67条规定任何机关或者单位向农民或者农业生产经营组织收取行政、事业性费用必须依据法律、法规的规定。收费的项目、范围和标准应当公布。没有法律、法规依据的收费,农民和农业生产经营组织有权拒绝。

任何机关或者单位对农民或者农业生产经营组织进行罚款处罚必须依据法律、法规、规章的规定。没有法律、法规、规章依据的罚款,农民和农业生产经营组织有权拒绝。

任何机关或者单位不得以任何方式向农民或者农业生产经营组织进行摊派。除法律、法规另有规定外,任何机关或者单位以任何方式要求农民或者农业生产经营组织提供人力、财力、物力的,属于摊派。农民和农业生产经营组织有权拒绝任何方式的摊派。

（四）农民专业合作社法相关知识

2006 年 10 月 31 日十届全国人大常委会第二十四次会议通过了《中华人民共和国农民专业合作社法》。这部法律已于 2007 年 7 月 1 日起施行。

1. 为什么要兴办农民专业合作社

中国农村实行家庭承包经营，在一家一户的生产经营形式下，农民面对市场出售农产品、购买生产资料、寻求技术服务，由于量小而且分散，产品售价相对低，生产资料购买价格相对高，享受技术服务相对难，使农民进一步发展生产受到限制，增收困难。对于普通农民来说，要改变这种状况，扩大生产经营规模，是通常的选择。但是，家家户户都要通过扩大土地经营规模来发展生产，受制于人多地少的基本国情，显然是不现实的。因此，农民以合作的方式，生产、销售同样的产品，联合采购生产资料和技术服务，甚至自己发展一些初级的加工生产，通过合作来形成相对大的生产经营规模，加强自己讨价还价的能力，提高产品销售价格，降低生产资料采购价格，更方便地获得技术服务，从而增加自己的收入，就是一个现实的选择。

归纳起来农民参加合作社有以下几个好处：提高农民的市场竞争能力和谈判地位；实行标准化生产，保障农产品质量安全，提高产品品质，以更优质的产品获得更好的效益；享受更广泛更优质的技术服务、市场营销和信息服务；便于农民更直接有效享受国家对农业、农村和农民的扶持政策。

2. 发展农民专业合作社有什么重要意义

①是全面繁荣农村经济、促进农民收入增长的重要举措。

②是提高农民组织化程度、增强农民市场竞争能力的基本手段。

③是创新农村经营体制、完善农业社会化服务体系的内在要求。

④是发展现代农业、提升农业整体素质和综合效益的有效途径。

3. 发展农民专业合作社的基本原则和重点是什么

①基本原则。一是坚持以家庭承包经营为基础。二是坚持自愿民主原则。三是坚持多形式发展原则。四是坚持示范引导的原则。

②发展重点。一是围绕农业产业化经营延伸产业链，解决产业链脱节、利益连接关系松散问题，增强农民专业合作社的凝聚力。二是围绕优势农业和特色产品建立优势农业产业带，大力发展名特优新农产品，组织农民开展标准化生产，提高农产品质量，增强农民专业合作社的市场竞争力。三是围绕科技兴农积极推广农业新技术、新品种，帮助农民专业合作社发展现代农业，提高农业产品附加值。四是围绕农产品流通完善农产品市场体系，引导农民建立农产品生产销售一体化的农民专业合作社，疏通和扩大农产品销售渠道。各地要采取切实有效的办法和措施加快农民专业合作社的发展，推动"一乡一业，一村一品"产业组织格局的形成，实现"建一个组织，兴一项产业，活一地经济，富一方群众"的目标。

4. 农民专业合作社的概念和基本特征是什么

按照《中华人民共和国农民专业合作社法》（以下简称《农民专业合作社法》）第2条的规定，农民专业合作社是在农村家庭承包经营基础上，同类农产品的生产经营者或者同类农业生产经营服务的提供者、利用者，自愿联合、民主管理的互助性经济组织。

农民专业合作社与以公司为代表的企业法人一样，是独立的市场经济主体，具有法人资格，享有生产经营自主权，受法律保护，任何单位和个人都不得侵犯其合法权益。农民专业合作社具有下列特点。

①农民专业合作社是一种经济组织。《农民专业合作社法》只调整各类合作经济组织中的一种,即农民专业合作社,只有从事经营活动的实体型农民合作经济组织才是农民专业合作社,那些只为成员提供技术、信息等服务,不从事营利性经营活动的农民专业技术协会、农产品行业协会等不属于农民专业合作社,不是《农民专业合作社法》的调整对象。

②农民专业合作社建立在农村家庭承包经营基础之上。农民专业合作社区别于农村集体经济组织,是由依法享有农村土地承包经营权的农村集体经济组织成员,即农民为主体,自愿组织起来的新型合作社。加入农民专业合作社不改变家庭承包经营。

③农民专业合作社是专业的经济组织。农民专业合作社以同类农产品的生产或者同类农业生产经营服务为纽带,来实现成员共同的经济目的,其经营服务的内容具有很强的专业性。

④农民专业合作社是自愿和民主的经济组织。任何单位和个人不得违背农民意愿,强迫他们成立或参加农民专业合作社;同时,农民专业合作社的各位成员在组织内部地位平等,并实行民主管理,在运行过程中应当始终体现“民办、民有、民管、民受益”的精神。

⑤农民专业合作社是具有互助性质的经济组织。农民专业合作社是以成员自我服务为目的而成立的,参加农民专业合作社的成员,都是从事同类农产品生产、经营或提供同类服务的农业生产经营者,目的是通过合作互助提高规模效益,完成单个农民办不了、办不好、办了不合算的事。这种互助性特点,决定了它以成员为主要服务对象,决定了“对成员服务不以营利为目的”的经营原则。

总之,改革开放后产生的各类新型农民专业合作经济组织,是农村实行家庭承包制的必然趋势,是农业市场化和产业化经营发展的必然产物,也是应对日益激烈的国际国内竞争,提高农民组织化程度的必然选择。它与20世纪50年代中后期的高级农业生产合作社、改革前的农村人民公社以及传统的供销合作社、信用合作社有着根本的不同。用农民群众的话讲，就是六个字："两在、两先、两自"。

所谓两在，就是"生产在家，服务在社"。这个"两在"，非常生动、形象地说清楚了专业合作社与家庭承包经营的关系，说清楚了现在的合作社与改革开放前的本质不同。生产上的问题，由家庭经营来解决，没有也不可能会动摇家庭承包经营这个农村基本经营制度和党的农村政策的基石。产前、产中、产后的服务问题靠合作社来解决。办这样的合作社，农民群众心里踏实、放心。

所谓两先，就是"先有专业生产，后有专业合作；先有群众意愿，后有组织建设"。这"两先"表明了农民专业合作社产生发展的产业基础和民意基础。农业合作社是农业生产专业化、规模化、市场化的必然结果，只有当产业聚集到一定规模，专业化达到一定水平，农民的认识提高到一定程度，产生合作的愿望和需求，才会具备组织起来的必要前提和现实可能。

所谓两自，就是"自主管理，自由进退"。这"两自"反映了如何办好农民专业合作社的基本要求和内在规律。合作社强调成员的民主控制，只有社员才是合作社的"老板"和主人，凡是涉及社员切身利益的大事，都必须由社员大会讨论决定，任何个人和组织都不能强加干预。合作社对所有社会成员开放，只要你愿意遵守合作社的章程，愿意入社，就可以随时提出入社申请，一旦你不再愿意在社了，你也可以随时申请退出。

5. 农民专业合作社可以享受国家哪些扶持政策

《农民专业合作社法》第7章规定了支持农民专业合作社发展的扶持政策措施，明确了产业政策倾斜、财政扶持、金融支持、税收优惠等扶持政策。

①产业政策倾斜。《农民专业合作社法》第四十九条规定，国家支持发展农业和农村经济的建设项目，可以委托和安排有条件的有关农民专业合作社实施。农民专业合作社应当给予产业政策支持，把合作社作为实施国家农业支持保护体系的重要方面。符合条件的农民专业合作社可以按照政府有关部门项目指南的要求，向项目主管部门提出承担项目申请，经项目主管部门批准后实施。

②财政扶持。《农民专业合作社法》第五十条规定，中央和地方财政应当分别安排资金，支持农民专业合作社开展信息、培训、农产品质量标准与认证、农业生产基础设施建设、市场营销和技术推广等服务。对民族地区、边远地区和贫困地区的农民专业合作社和生产国家与社会急需的重要农产品的农民专业合作社给予优先扶持。目前，中国农民专业合作社经济实力还不强，自我积累能力较弱，给予专业合作社财政资金扶持，就是直接扶持农民、扶持农业、扶持农村。

③金融支持。《农民专业合作社法》第五十一条规定，国家政策性金融机构和商业性金融机构应当采取多种形式，为农民专业合作社提供金融服务。对具备法人资格、资信好、符合贷款条件的农民专业合作社积极给予信贷支持；小额贷款应向农民专业合作社及其成员倾斜；对参加农民专业合作社的农户，可适当增加小额贷款授信额度。

各级保险机构应结合农民专业合作社的特点，开发具有针对性的保险产品，积极为农产品生产、加工、经营等环节提供各类保险服务。进一步扩大政策性农业保险的品种和覆盖面，切实提高理赔服务水平，增强农民专业合作社抗风险的能力。

④税收优惠。农民专业合作社作为独立的农村生产经营组织，可以享受国家现有的支持农业发展的税收优惠政策。农民专业合作社新办服务性企业，或者为农业生产的产前、产中、产后提供技术服务或劳务所得，如符合税收优惠条件，可按税法规定享

受企业所得税减免优惠；从事农业机耕、排灌、病虫防治、植保、农牧保险，家禽、牲畜、水产动物配种、疫病防治及相关技术培训的收入免征营业税；农业生产者销售的自产农产品及其经分级、整理包装、加贴品牌商标等初级加工的自产农产品免征增值税。

⑤给予用地、用电和农产品运输优惠。农民专业合作社创办农业科技示范基地、建设标准化生产基地、种养基地和从事农产品收购等需要的农业用地，可由村社集体经济组织协调，动员群众采取租赁、经营权入股等流转方式优先予以解决；农民专业合作社开展农产品加工、贮藏等生产经营活动所需建设用地，在符合土地利用总体规划前提下，经市、县人民政府批准后，国土资源管理部门应及时提供用地保障。供电企业应开辟农民专业合作社用电业务办理绿色通道，提高用电业务办理效率；农民专业合作社从事种植业、养殖业生产用电，执行农业生产电价标准。农民专业合作社整车运输鲜活农产品的规定车辆在省内各类道路上均免费通行。

6. 组建农民专业合作社的基本程序是什么

(1)明确发起人

发起人就是发起并创办农民专业合作组织的创始人。在专业合作组织组建准备阶段，大量筹备工作由发起人来做。发起人最少不得少于3～5人，组成筹备小组。发起人应具备以下条件。

①坚持党的路线、方针、政策，政治素质好；

②在本地区、本行业内有较大影响力，一般为专业大户；

③具有完全民事行为能力。

(2)进行可行性论证分析

可行性分析是组建农民专业合作组织的基础性工作。发起人要对本地区、本行业农民群众对进行专业合作的需求状况、专业大户的现状、市场前景、竞争对手等进行认真调查研究，确定农民专业合作组织的活动和经营范围。

(3)起草章程

章程内容包括农民专业合作组织的名称、活动内容、服务范围、合作组织成员的条件及加入退出的程序、成员的权利和义务，加入合作组织的资金规定，各种活动费用的负担办法，利用利润分配和亏损弥补的方法，内部管理制度，成员大会的权限，理事会、监事会的产生及职权责限定，财务管理办法，公告方式等。

(4)吸收成员

本着自愿的原则，在本地区、本行业，凡是承认本专业合作组织的章程，个人提出申请，交纳加入组织的股金或组织费的生产经营农户均可成为本专业合作组织的成员。

(5)注册登记

一般对外从事经营活动的农民专业合作社应向当地工商行政部门申请登记，取得法人资格。设立登记应提交以下材料。

①法定代表人签署的《农民专业合作社设立登记申请书》；

②全体设立人签名、盖章的设立大会纪要；

③全体设立人签名、盖章的章程；

④法定代表人、理事的任职文件及法定代表人签署的成员名册；

⑤法定代表人、理事的身份证明及成员身份证明文件；

⑥全体出资成员签名、盖章的出资清单；

⑦指定代表或者委托代理人的证明；

⑧住所使用证明；

⑨农民专业合作社名称预先核准通知书；

⑩国家工商总局规定提交的其他文件。

(6)召开成立大会

成立大会由筹备小组主持召开，主要议程有4项：听取筹备小组报告本组织筹备情况；选举理事会和监事会成员；讨论和通过本组织章程；讨论和通过本组织年度工作计划及其他事项。

(7)按照本组织章程依法开展经营活动

7. 农民专业合作社成立后应怎样规范运作

依法成立的农民专业合作社，应在各级农业行政主管部门的指导下，完善内部运行机制，建立健全规章制度，促进其规范发展。主要有以下几个方面。

①一个吊牌、一个印章、一个银行账户。

②两个登记证：即社员登记证和股金登记证。

③各种记录册。社员登记花名册、股金登记册、合作社交易记录册，还有会议记录册、学习记录册、工作记录册。做到年初有工作安排，年中有检查、年终有总结。

④内部规章制度要公示上墙。成员大会讨论通过的合作社章程、合作社组织机构设置及人员岗位责任制、合作社生产经营计划、财务管理和收益分配等制度要公示上墙。

⑤搞好会计核算工作。按照财政部颁布的《农民专业合作社会计制度》规定，健全本组织财务账簿，及时搞好财务核算和公布。

⑥完善内部运行机制。一是建立风险保障机制。农民专业合作社要制定和完善财务管理、民主监督、经营决策、人员管理等内部规章制度，规范管理行为，降低经营风险。要按照章程规定或者成员大会决议从当年收益中提取一定比例的公积金用于农民专业合作社以丰补歉，增强抗御风险的能力。二是建立利益保障机制。正确处理好农民专业合作社与成员的利益分配关系，把保护成员利益放在首位，农民专业合作社每年实现的可分配盈余按成员与合作社的交易量(额)比例返还给成员，返还总额不得低于当年可分配盈余的60%。三是建立监督机制。农民专业合作社可以设执行监事或者监事会，作为内部监督的实施者，独立监督理事会工作；健全财务监督体系，实行财务公开，接受社员监督，防止共有财产的流失和浪费。四是建立积累发展机制。农民专业合作社在保护成员利益的基础上建立和完善积累制度，逐步增强农民专业合作社的自我发展实力。

⑦开展经营活动。合作社要做到工作人员、经营场所、必要的工作设施、股份基金、经营服务内容6个到位。合作社主要为成员服务,也可为非成员服务,但要单独核算。服务内容主要有:生产技术服务如统一规划、统一供种、统一育苗、统一防治、统一生产技术标准,还有农用物资供应服务、产品销售服务、资金信贷服务等。

8. 如何加入农民专业合作社？合作社社员有哪些权利和义务

具有民事行为能力的公民,以及从事与农民专业合作社业务直接有关的生产经营活动的企业、事业单位或者社会团体,能够利用农民专业合作社提供的服务,承认并遵守农民专业合作社章程,履行章程规定的入社手续的,可以成为农民专业合作社的成员。但是,具有管理公共事务职能的单位不得加入农民专业合作社。农民专业合作社的成员中,农民至少应当占成员总数的80%。

农民专业合作社成员享有下列权利:参加成员大会,并享有表决权、选举权和被选举权,按照章程规定对本社实行民主管理;利用本社提供的服务和生产经营设施;按照章程规定或者成员大会决议分享盈余;查阅本社的章程、成员名册、成员大会或者成员代表大会记录、理事会会议决议、监事会会议决议、财务会计报告和会计账簿;章程规定的其他权利。农民专业合作社成员大会选举和表决,实行一人一票制,成员各享有一票的基本表决权。

农民专业合作社成员承担下列义务:执行成员大会、成员代表大会和理事会的决议;按照章程规定向本社出资;按照章程规定与本社进行交易;按照章程规定承担亏损;章程规定的其他义务。农民专业合作社成员要求退社的,应当在财务年度终了的3个月前向理事长或者理事会提出;其中,企业、事业单位或者社会团体成员退社,应当在财务年度终了的6个月前提出。退社成员的成员资格自财务年度终了时终止。

9. 农民专业合作社的组织机构有哪些

农民专业合作社通常可以有以下机构:成员大会或成员代表大会、理事长或理事会、执行监事或监听事会、经理。农民专业合作社成员大会由全体成员组成,是本社的权力机构,行使下列职权:修改章程;选举和罢免理事长、理事、执行监事或者监事会成员;决定重大财产处置、对外投资、对外担保和生产经营活动中的其他重大事项;批准年度业务报告、盈余分配方案、亏损处理方案;对合并、分立、解散、清算作出决议;决定聘用经营管理人员和专业技术人员的数量、资格和任期;听取理事长或者理事会关于成员变动情况的报告;章程规定的其他职权。农民专业合作社召开成员大会,出席人数应当达到成员总数 2/3 以上。

成员大会选举或者作出决议,应当由本社成员表决权总数过半数通过;作出修改章程或者合并、分立、解散的决议应当由本社成员表决权总数的 2/3 以上通过。章程对表决权数有较高规定的,从其规定。农民专业合作社成员大会每年至少召开一次,会议的召集由章程规定。农民专业合作社可以设执行监事或者监事会。理事长、理事、经理和财务会计人员不得兼任监事。理事长、理事、执行监事或者监事会成员,由成员大会从本社成员中选举产生,依照本法和章程的规定行使职权,对成员大会负责。理事会会议、监事会会议的表决,实行一人一票。按成员交易量比例返还盈余。

10. 农民专业合作社的财务制度及如何分配

农民专业合作社应当按照国务院财政部门制定的财务会计制度进行会计核算。农民专业合作社的理事长或者理事会应当按照章程规定,组织编制年度业务报告、盈余分配方案、亏损处理方案以及财务会计报告,于成员大会召开的 15 日前,置备于办公地点,供成员查阅。农民专业合作社与其成员的交易、与利用其提供的服务的非成员的交易,应当分别核算。

农民专业合作社可以按照章程规定或者成员大会决议从当年盈余中提取公积金。公积金用于弥补亏损、扩大生产经营或者转为成员出资。每年提取的公积金按照章程规定量化为每个成员的份额。农民专业合作社应当为每个成员设立成员账户，主要记载下列内容：该成员的出资额；量化为该成员的公积金份额；该成员与本社的交易量(额)。在弥补亏损、提取公积金后的当年盈余，为农民专业合作社的可分配盈余。

可分配盈余按照下列规定返还或者分配给成员，具体分配办法按照章程规定或者经成员大会决议确定：按成员与本社的交易量(额)比例返还，返还总额不得低于可分配盈余的60%；按前项规定返还后的剩余部分，以成员账户中记载的出资额和公积金份额，以及本社接受国家财政直接补助和他人捐赠形成的财产平均量化到成员的份额，按比例分配给本社成员。

三、提高科技水平，发展现代农业

在农业发展新阶段，传统农业面临诸多挑战。当前，为适应新形势，必须努力提高农业科技水平，大力发展现代农业，走规模化、标准化、品牌化、市场化、产业化的新路子。

(一)推广农业科技

1. 选用农业新品种

(1)主要水稻品种及特性

①德香4103：全生育期150.2天，比对照冈优725长0.5天。株高120.1厘米，株型适中，亩有效穗数14.1万穗，穗长

26.2 厘米，每穗平均着粒 170.8 粒，千粒重 30.6 克。

②泰优 99：该品种属籼型三系杂交水稻。在长江上游作一季中稻种植，全生育期平均 159.8 天，比对照Ⅱ优 838 长 3.1 天。株型适中，长势繁茂，每亩有效穗数 16.0 万穗，株高 120.7 厘米，穗长 25.8 厘米，每穗总粒数 169.9 粒，千粒重 30.7 克。

③内 5 优 39：长江上游作一季中稻种植，全生育期平均 157.5 天，稻瘟病综合指数 4.0 级，穗瘟损失率最高级 5 级；稻米品质达到国家《优质稻谷》标准 2 级。

④川农优 498：该品种全生育期 150.1 天，比对照冈优 725 长 0.5 天。株高 116.6 厘米，株型适中。亩有效穗数 13.4 万穗，穗长 27.2 厘米，每穗平均着粒 193.8 粒，千粒重 29.5 克，长粒型，部分籽粒有短芒。。

(2) 主要玉米品种及特性

①川单 418：在西南地区出苗至成熟 115 天，抗玉米螟，中抗大斑病、小斑病和纹枯病，感丝黑穗病，高感茎腐病。

②绵单 581：春播出苗到成熟全生育期 114 天，株高 251 厘米左右，穗位高 94 厘米左右。果穗长 17.5 厘米左右，籽粒黄色马齿型，千粒重 267 克。

③川单 189：在四川出苗至成熟 119 天。中抗大斑病和茎腐病，感小斑病、丝黑穗病、纹枯病和玉米螟。

④正红 505：春播，全生育期 118 天。经人工接种鉴定，中抗大、小斑病、纹枯病和玉米螟，抗倒、耐旱、耐粗放能力强，饲用品质优。

(3) 主要小麦品种及特性

①绵杂麦 168：春性，全生育期 182 天左右。植株整齐，株高 94 厘米左右。穗长方形，穗层整齐，长芒、白壳，籽粒红色，小穗数 22 个左右，穗粒数 47 粒左右，千粒重 45 克左右。经四川省农业科学院植保所鉴定，高抗条锈病，中感白粉病，中感赤霉病。

②西科麦 4 号：春性，中熟，全生育期 190 天左右。株高 95 厘米左右，株型较紧凑，成株叶片中等长宽。平均亩穗数 24.7 万穗，穗粒数 40.2 粒，千粒重 44.3 克。

③川育 20：春性，全生育期 186 天左右。千粒重 45 克左右。高抗条锈病，中感白粉病，中感赤霉病。

(4)主要油菜品种及特性

①蓉油 16：叶色深绿，叶柄较长，角果细长，果皮较薄，籽粒节较明显。株高 200 厘米左右，单株角果数 634.5 个，每果 15.9 粒，千粒重 3.16 克。生长势强，整齐一致，抗倒，抗寒，四川盆地全生育期 224 天，长江下游全生育期 230 天。

②绵油 33：甘蓝型半冬性细胞核雄性不育三系杂交种。全生育期平均 219 天；抗倒性较强，含油量 38.87%。

③川油 41：该品种全生育期 223 天，含油率 42.85%。与对照川油 21 相比，表现为低抗菌核病，低抗病毒病，抗倒性与对照相当。

2. 推广实用技术

(1)稻田秸秆还田快速腐熟应用技术

秸秆腐熟还田应用技术主要是利用富余秸秆（稻草、麦草、玉米秆、油菜秆、菜籽壳等）还田，施用秸秆腐熟剂使之快速腐熟，以补充和更新土壤有机质，归还土壤磷钾等养分，保持土壤水分和改善土壤物理性状，是一项集节水农业、有机农业、覆盖农业和生态农业于一体的综合性实用农业新技术。

技术效应：该技术在各地水稻、油菜、小麦、棉花、玉米、甘薯、茶叶等作物试验测定，秸秆直接还田或腐熟或过腹还田均具有培肥改良土壤和促进作物增产增收的良好效果。直接还田可谓“当年增产，常年改土，灾年保苗，切实可行，简便有效”；就地还田，无养分损失，节省工本，减轻劳动强度，提高劳动率。据分析，每亩地还田 200 千克干稻草相当于 6.0 千克标准氮肥、2.0

千克过磷酸钙和 8 千克钾肥，可减少化肥投入 55 元；增产率达 10% 以上，粮食平均单产比传统耕作增产 18 千克/亩，亩平均增加收入 20 元左右，中低产田效果尤其显著；土壤有机质含量可提高 0.05 个百分点，土壤性状得到明显改善，同时，可减少当地焚烧秸秆带来的环境污染。

技术要点：

①秸秆还田技术：一是秸秆高留桩还田，在上一茬作物收割时，留 13～27 厘米高桩，牛犁 13～20 厘米，翻耕压于土中，不得小于 13 厘米或大于 27 厘米。二是秸秆翻压还田，以每亩 150 千克左右的干秸秆或 500 千克左右的湿秸秆，铡成 10～15 厘米长，铺撒于田中，翻压于土壤 10～15 厘米内。铡草长度以 15 厘米为宜。三是秸秆覆盖还田，麦田盖草时期以播种后到分蘖初期盖为好，草量以 200 千克/亩风干草最经济有效。棉田盖草宜在 6 月中旬进行，盖草量每亩风干草 200 千克，以稻草最好。四是腐熟还田，富余秸秆可通过堆沤、垫猪牛羊圈、制沼腐熟后再还田，每亩鲜重用量1 000～2 000千克。其中制沼腐熟后再还田最有意义。五是过腹还田：富余秸秆饲养牲畜，牲畜粪还田。

②腐熟剂应用技术：秸秆还田后，用 2 千克腐熟剂和 5～8 千克尿素拌匀后，均匀撒施于田表。播种小麦（油菜）的，每亩撒用好氧性秸秆腐熟剂，并拍打稻草，使秸秆腐熟剂掉落到稻草下面。播种水稻的，每亩选用厌氧性秸秆腐熟剂 2 千克，拌土撒施，马上灌水泡田，水深以刚好淹泡秸秆为宜，沤 3～7 天即可。切忌碎草成堆；土壤黏重、保水性强的田块要注意排除湿害；尿素用量要适当，以调整碳氮比。

适宜区域：要求水稻种植面积大，且集中连片。

注意事项：秸秆腐熟剂使用方法不一致，要参照使用说明。

（2）旱地新三熟：麦/玉/豆种植模式

旱地新三熟麦/玉/豆模式是在有机集成免耕、秸秆覆盖、作物直播技术的条件下，以大豆代替原旱地三熟制麦/玉/薯模式中的甘薯而进行的连年套种轮作多熟种植制度。

增产增效情况:该模式中,小麦分带种植,田间通风透光好,后期病虫害轻,边际效应得到充分发挥;且由于大豆的加入,可简化操作、降低投入、减少水土流失、培肥土壤,利于农田节水、保水、抗旱,有利于小麦、玉米高产,达到持续周年丰产。可减少水分蒸发15%以上,提高土壤含水量5%左右,亩增效益180元左右。经济效益明显、生态效益显著、社会效益突出。

技术要点:①规范开厢、分带轮作:采用带状2米宽开厢模式,1米(或1.17米)种5行小麦,1米(或0.83米)种2行玉米.小麦收后种3行大豆,第二年换茬轮作。②选用良种:小麦宜选用株性好、半矮秆品种,玉米选用中迟熟品种,大豆选用适宜套种的品种。③适时播种,合理密植:小麦播种期为10月底至11月初。播种前筛选籽粒饱满的大粒种子,晒种2~3天,播种时选用15%粉锈灵按药种比1∶500拌种或选用浓度为10毫克/千克的烯效唑干拌种,混匀,随拌随播。机播、撬窝点播或砍沟点播,窝距13.3~16.7厘米,行距20~23.3厘米,窝播8~9粒(每窝留4~5苗),亩留基本苗7万~8万苗。玉米因地制宜适时播种,丘陵地区3月上中旬,山区3月下旬。播种方式采用点播或肥团育苗移栽,播种或移栽时两边距麦带16.7~20厘米,行距0.6~0.67米,窝距0.4~0.47米,窝留双株,亩植3 000~3 500株。大豆播种期为6月上旬左右,播种时在麦茬行间撬或挖窝点播,行距0.33米,窝距0.33米左右,窝留2~3株,密度0.8万~1万株/亩。④科学施肥:小麦底肥亩施尿素10~12千克、过磷酸钙28~32千克、氯化钾8~12千克,分蘖肥亩追施尿素4~5千克。玉米底肥每亩施尿素10~12千克、过磷酸钙40~50千克、氯化钾10千克,拔节期每亩追施3~5千克尿素,大喇叭口期每亩追施8~10千克尿素(或碳铵25~35千克)。大豆底肥亩施尿素4~5千克、过磷酸钙30~35千克、氯化钾4~5千克,于播种时穴施或均匀撒于厢面;追肥于初花期雨后亩撒尿素3.5～5千克。⑤控旺防倒：小麦拔节初期每亩用15%多效唑可湿性粉剂20～30克，对水30千克喷雾防倒；大豆开花期对生长较旺田块，每亩用20～40克优康（5%烯效唑）或50～80克15%多效唑可湿性粉剂，对水50～75千克，在始花前5天至始花后7天左右均匀喷施其叶片，防止旺长。⑥防治病虫害：小麦拔节至抽穗阶段注意防治条锈病、白粉病和纹枯病，抽穗至扬花盛期防治赤霉病，孕穗至灌浆期防治蚜虫。玉米苗期防治地下害虫，大喇叭口期防治玉米螟，后期注意防治蜗牛、纹枯病。大豆幼苗期，注意防治立枯病、根腐病。盛花期防治霜霉病和炭疽病，同时注意对蚜虫、红蜘蛛、蓟马等虫害的防治：盛花至结荚鼓粒期注意对豆荚螟、大豆食心虫、大豆蚜虫、红蜘蛛、椿象等虫害的防治。

适宜区域：适宜在南方丘陵和低山区旱地使用。

（3）主要农作物秸秆综合利用机械化技术

农作物秸秆作为一种资源，可用作肥料、饲料、生活燃料及工副业生产的原料等。农作物秸秆用作肥料主要是直接利用和加工利用两个方面。直接利用一般采取秸秆直接还田的方法，加工利用主要是利用秸秆堆制有机肥料。农作物秸秆作为饲制除了直接饲喂外，还有青贮、黄化、氨化及糖化后喂养等方法，利用窖、池或塑料袋等，都可以实现集中规模化加工。近几年利用专门的机械设备或秸秆饲料生产线，把秸秆加工成颗粒或块状干饲料发展较快。秸秆的燃料利用主要有生产沼气和秸秆气化两种方式，另外还可用秸秆作为生物质进行发电。用农作物秸秆的用途还有做培养基栽培食用菌、造纸，生产纤维密度板、植物地膜、餐饮具、包装材料、育苗钵等，以及用秸秆制造酒精、淀粉等化工原料。

技术效应：

①经济效益方面：一是玉米机械化收贮收获作业可降低作业成本，比人工收割亩作业成本降低14元左右。机械切碎费比

人工切碎费每吨降低作业成本 11 元左右。二是减少损失。机械收获和切碎加工秸秆比较人工作业可以减少损失为 5%。三是商品率高。秸秆的综合利用技术可以提高秸秆的商品率。机械揉碎、裹包后销售,利润率可达 50% 左右。

②社会效益方面:一是秸秆饲料既充分利用了现有的饲料资源,又丰富了牲畜饲草料品种、数量,节约了大量的劳力。机械化青贮提高了劳动生产率,促进农村劳动力的转移,同时为增加养畜提供饲草料保障。二是提高了农作物秸秆的营养价值、经济价值,变废为宝。采用机械化收获和粉碎,可提高青贮玉米粗脂肪 11% 以上,降低粗纤维 28%,提高消化率 20%,有利于家畜的生长,并可提高奶牛的产奶量和肉牛的增肉量。三是提高了秸秆利用的质量和水平。四是秸秆综合利用有良好的生态效益,可增加土壤有机质,培肥地力,可以防止秸秆焚烧带来的环境危害。

技术要点:

①农作物秸秆收获还田机械化技术:小麦秸秆收获还田是在使用联合收割机收获的同时,使用安装在联合收割机上专门装置粉碎秸秆,抛撒于地表。玉米收获还田机械化,一是应用玉米联合收获技术,在收获玉米棒穗的同时实现秸秆还田。二是应用玉米青贮收获技术,在玉米摘除棒穗或连带棒穗直接进行田间收获玉米秸秆,粉碎后用作青贮饲料,进行过腹还田。三是在人工摘除玉米棒穗后,应用秸秆还田机械将秸秆粉碎还田。

②农作物秸秆饲料加工机械化技术:该技术的应用以玉米秸秆的青贮加工为主,有塑料袋青贮和窖式青贮两种,即将蜡熟期玉米通过青贮收获机械一次性完成摘穗、秸秆切碎、收集或人工收获后将青玉米秸秆铡碎至 1 ~ 2 厘米长,含水量一般为 57% ~75%,装入塑料袋或窖中,压实排除空气以防霉菌繁殖,然后密封保存,40 ~ 50 天即可饲喂。

③农作物秸秆气化技术：将玉米蕊、棉柴、玉米秸、麦秸等于秸秆粉碎后作为原料，经过气化设备（气化炉）热解、氧化和还原反应转换成可燃气体，经净化、除尘、冷却、贮存加压，再通过输配系统送往用户，用作燃料或生产动力。

④农作物秸秆颗粒饲料加工成套技术：以玉米秸、稻草、麦秸、葵花秆、高粱秆之类的农作物秸秆等低值粗饲料，加转化剂后压缩，利用压缩时产生的温度和压力，使秸秆氨化、碱化、熟化，使秸秆木质素彻底变性，提高其营养成分，制成品质一致的颗粒状饲料，成为反刍动物的基础食粮。经加工处理后的农作物秸秆粗蛋白含量从 2% ~3% 提高到 8% ~12%；消化率从 30% ~45% 提高到 60% ~65%。该技术适用于公司加加农户模式，能工厂化生产，商品化流通，生产成本低。

⑤农作物秸秆有机肥生产技术：利用大型铡草机将秸秆粉碎，用水肥把秸秆浸透，分层在秸秆上撒上畜禽粪便和腐解剂，堆制过程中用机械均匀翻动，再堆成半圆体进一步腐熟，数日后晒干粉碎，由秸秆有机肥造粒机加工制成颗粒状肥料，再装袋运输和销售。

⑥农作物秸秆栽培食用菌技术：利用秸秆作为基料栽培食用菌，剩余的蘑菇糠是优质有机肥还田。

⑦农作物秸秆工业用品加工技术要点：以玉米秸、麦秸等各种秸秆为原材料，利用高压模压机械设备，经辗磨处理后的秸秆纤维与树脂混合物在金属模具中加压成型，制成各种高质量的低密度、中密度和高密度的纤维板材制品，具有广泛的应用范围。

适宜区域：粮食作物主产区。

（二）发展现代农业

现代农业（modern agriculture）相对于传统农业而言，是广泛应用现代科学技术、现代工业提供的生产资料和科学管理方法进行的的社会化农业。

1. 现代农业概念

现代农业是指用现代工业装备的,用现代科学技术发展的,用现代经营理论和方法管理的,用高效便捷的信息系统和社会化服务体系服务的,用良好的生态环境支持的农业。

2. 现代农业的基本特征

与原始农业、传统农业相比较,现代农业有以下特征。

①内涵更丰富。产前领域如机械、化肥、农药等;产中领域如种、林、畜牧、水产等;产后领域:农产品加工、贮藏、运输、营销及进出口等。

②技术密集型产业。新技术是现代农业的先导和发展动力:可以提高单产;可以改善品质;可以减轻劳动强度;可以节约能耗和改善生态环境。集约化成为发展方向。

③多功能、多样性。多样性如假日农业、休闲农业、观光农业、旅游农业;多功能:生活休闲、旅游度假、生态保护、文化传承。传统农业功能:农产品供给。

④市场化。传统农业是自给自足、相对封闭;现代农业:完全商业化的利润评价准则;生产完全是为了满足市场需要。市场取向是现代农民采用新技术、发展农业新功能、产业化、规模经营的动力源泉。

⑤生态环保。现代农业:高新技术的先导性、农工科贸的一体性、产业开发的多元性、资源节约、环境零损害的绿色性。现代农业又叫生态农业;资源节约农业、可持续发展的绿色农业。

⑥组织形式产业化。传统农业是以土地为基本生产资料,以农户为基本生产单元的一种小生产;现代农业是公司 + 农户一体化经营农形式。

3. 什么是绿色农业

将农业与环境协调起来,促进可持续发展,增加农户收入,保护环境,同时保证农产品安全性的农业。“绿色农业”是灵活利用生态环境的物质循环系统，实践农药安全管理技术（IPM）、营养物综合管理技术（INM）、生物学技术和轮耕技术等，从而保护农业环境的一种整体性概念。绿色农业大体上分为有机农业和低投入农业。

4. 什么是休闲农业

休闲农业是一种综合性的休闲农业区。游客不仅可以观光、采果、体验农作、了解农民生活、享受乡间情趣，而且可以住宿、度假、游乐。休闲农业的基本概念是利用农村的设备与空间、农业生产场地、农业自然环境、农业人文资源等，经过规划设计，以发挥农业与农村休闲旅游功能，提升旅游品质，并提高农民收入，促进农村发展的一种新型农业。

5. 什么是观光农业

观光农业又称旅游农业或绿色旅游业，是一种以农业和农村为载体的新型生态旅游业。农民利用当地有利的自然条件开辟活动场所，提供设施，招揽游客，以增加收入。旅游活动内容除了游览风景外，还有林间狩猎、水面垂钓、采摘果实等农事活动。有的国家以此作为农业综合发展的一项措施。

6. 什么是立体农业

又称层状农业，着重于开发利用垂直空间资源的一种农业形式。立体农业的模式是以立体农业定义为出发点，合理利用自然资源、生物资源和人类生产技能，实现由物种、层次、能量循环、物质转化和技术等要素组成的立体模式的优化。

7. 什么是订单农业

订单农业又称合同农业、契约农业，是近年来出现的一种新型农业生产经营模式。所谓订单农业，是指农户根据其本身或其所在的乡村组织同农产品的购买者之间所签订的订单，组织安排农产品生产的一种农业产销模式。订单农业很好地适应了市场需要，避免了盲目生产。

8. 世界现代农业推行模式

世界在推进农业现代化过程中，有两种典型的模式，一是人少地多的美国模式，二是人多地少的日本模式（包括韩国、中国台湾等）。无论哪种模式，农业现代化起步时期的共同特点是：①人均 GDP 水平较高，达到 1 000 美元以上。②农业增加值的比重很小，在 30% 以下。③农业劳动力的比重较高，在 30% 以上。④农产品商品率低，在 40% 左右。

9. 中国现代农业运作模式

在中国建设现代农业过程中，由于各地农业生态类型、自然资源条件和社会条件的差异，因而在现代农业的建设和运作上，各地有着不同的探索。下面简要归纳各地在探索建设现代农业的 4 种运行模式。

(1)外向型创汇农业模式

外向型创汇农业的模式，是指利用沿海地区的区域优势，采取相应政策吸收扶持龙头企业，重点发展优质种苗、特色蔬菜、优质花卉、名优水果、优质家禽和特种水产等资金和技术密集型农产品生产。生产和加工优质农产品出口，带动区域经济发展和农民增收。

(2)龙头企业带动型的现代农业开发模式

龙头企业带动型的现代农业开发模式，是指由龙头企业作为现代农业开发和经营主体，本着“自愿、有偿、规范、有序”的原则，采用“公司 + 基地 + 农户”的产业化组织形式，向农民租赁土地使用权，将大量分散在千家万户中农民的土地纳入到企业的经营开发活动中。这种由龙头企业建立生产基地，在基地进行农业科技成果推广和产业化开发的运行模式，称为龙头企业带动型的现代农业开发模式。

(3)农业科技园的运行模式

农业科技园的运行模式，是指由政府、集体经济组织、民营企业、农户、外商投资兴建，以企业化的方式进行运作，以农业科研、教育和技术推广单位作为技术依托，引进国内外高新技术和资金、各种设施，集成现有的农业科技成果，对现代农业技术和新品种、新设施进行试验和示范，形成高效农业园区的开发基地、中试基地、生产基地，以此推动农业综合开发和现代农业建设的运行模式。

(4)山地园艺型农业模式

山地园艺型农业是立体型、多层次、集约化的复合农业，在充分考虑市场条件和资源优势的基础上，确定适宜当地发展水平产业和项目，引进先进的技术成果与传统技术组装配套，待引进技术和品种试验成熟后，采取各种有效措施在当地推广。这是中国的一些山区在发展水果产业，促进农民增收的实践上总结出来的山地园艺型农业模式。

四、实施农业标准，打造农业品牌

建立农业标准化体系并通过示范加以推广，是农业结构战略性调整的一项基础工作，直接关系到实现农业市场化、产业化、集约化、现代化，具有重要意义。农业标准的示范和应用，促进了科技成果的推广。推广农业适用技术与实施标准化相结合，是提高农业生产质量和效益的一条重要途径。没有农业的标准化，就没有农业的现代化。农业标准化是现代农业的重要基石。

(一)农业标准化

1. 农业标准化的定义

是指以农业为对象的标准化活动。具体来说，是指为了有关各方面的利益，对农业经济、技术、科学、管理活动中需要统

一、协调的各类对象，制定并实施标准，使之实现必要而合理的统一的活动。其目的是将农业的科技成果和多年的生产实践相结合，制定成“文字简明、通俗易懂、逻辑严谨、便于操作”的技术标准和管理标准向农民推广，最终生产出质优、量多的农产品供应市场，不但能使农民增收，同时，还能很好地保护生态环境。其内涵就是指农业生产经营活动要以市场为导向，建立健全规范化的工艺流程和衡量标准。

2. 农业标准化的主要对象

农产品、种子的品种、规格、质量、等级、安全、卫生要求；试验、检验、包装、贮存、运输、使用方法；生产技术、管理技术、术语、符号、代号等。

3. 农业标准体系

主要是指围绕农林牧副渔各业，制定的以国家标准为基础，行业标准、地方标准和企业标准相配套的产前、产中、产后全过程系列标准的总和，还包括为农业服务的化工、水利、机械、环保和农村能源等方面的标准。

4. 农业标准化的主要内容

农业标准化的内容十分广泛，主要有以下 8 项。

(1)农业基础标准：是指在一定范围内作为其他标准的基础并普遍使用的标准。主要是指在农业生产技术中所涉及的名词、术语、符号、定义、计量、包装、运输、贮存、科技档案管理及分析测试标准等。

(2)种子、种苗标准：主要包括农、林、果、蔬等种子、种苗、种畜、种禽、鱼苗等品种种性和种子质量分级标准、生产技术操作规程、包装、运输、贮存、标志及检验方法等。

(3)产品标准：是指为保证产品的适用性，对产品必须达到的某些或全部要求制定的标准。主要包括农林牧渔等产品品种、规格。质量分级、试验方法、包装、运输、贮存、农机具标准、农资标准以及农业用分析测试仪器标准等。

(4)方法标准:是指以试验、检查、分析、抽样、统计、计算、测定、作业等各种方法为对象而制定的标准。包括选育、栽培、饲养等技术操作规程、规范、试验设计、病虫害测报、农药使用、动植物检疫等方法或条例。

(5)环境保护标准:是指为保护环境和有利于生态平衡,对大气、水质、土壤、噪声等环境质量、污染源检测方法以及其他有关事项制定的标准。例如,水质、水土保持、农药安全使用、绿化等方面的标准。

(6)卫生标准:是指为了保护人体和其他动物身体健康,对食品饲料及其他方面的卫生要求而制定的农产品卫生标准。主要包括农产品中的农药残留及其他重金属等有害物质残留允许量的标准。

(7)农业工程和工程构件标准:是指围绕农业基本建设中各类工程的勘察、规划、设计、施工、安装、验收,以及农业工程构件等方面需要协调统一的事项所制定的标准。如塑料大棚、种子库、沼气池、牧场、畜禽圈舍、鱼塘、人工气候室等。

(8)管理标准:是指对农业标准领域中需要协调统一的管理事项所制定的标准。如标准分级管理办法、农产品质量监督检验办法及各种审定办法等。

5. 中国农业标准化工作的现状

近年来,在种植业、畜牧业、渔业、农垦等各行业部门和各地方政府的共同努力下,已经建立起了初具规模的农业标准体系,形成了一大批示范辐射能力较强的农产品标准化生产综合示范区、示范基地、示范农场、示范县,取得了很好的经济、社会和生态效益。

农业标准的制定修订进程加快。近年来,中国农业标准制修订的数量明显增加。目前,国家及各级地方已制定农业相关标准 11 000 多项。标准制修订范围已扩展到农产品生产、加工、流通的全过程，标准内容已经延伸到产地环境、生产加工过程、产品质量安全、包装、贮运等各个环节。农业地方标准和企业标准的制(修)定速度加快，力度加大，相当一批地方优势农产品、特色农产品都有了地方标准。

农业标准化的实施范围扩大。近年来，种植业系统重点抓无公害农产品标准化示范县，畜牧系统重点抓养殖小区，渔业系统重点抓出口水产品养殖场，农垦系统重点抓标准化示范农场。农业部已经组织创建国家级农业标准化示范区 539 个，农业标准化示范县(场)340 个，建设农业部水产健康养殖示范场 701 个，畜禽标准化养殖小区 8 000 余个，引导各地共建立省级农业标准化示范基地 3 500 多个，带动标准化种养面积 5 亿亩。截至“十一五”末，全国共认定产地 58 968 个，其中，种植业产地 36 251个，面积 5 194 万公顷，占全国耕地面积的 40%(按总面积 1.3 亿公顷计算)；畜牧业产地 16 097 个，规模 540 928 万头(只、羽)；渔业产地 6 620 个，养殖面积 299 万公顷。在第二届中国国际农产品交易会上，共展示农产品 3 200 多个，基本都是依据标准生产的品牌产品，这些产品广泛吸引了国内外客商，贸易成交额突破 200 亿元。

农业标准化人才队伍日渐壮大，先后组建了全国农业标准技术委员会 13 个，近年参与农业标准制修订工作的首席专家达 3 000 余人次，各类专家达 30 000 余名。农业系统已建成国家级农产品质检中心 12 个、部级质检中心 276 个、省地县级农产品检测机构 1 780 个，初步形成了一个布局合理、职能明确、专业齐全的检验检测网络。各省市农业标准化人才队伍也得到较快发展。目前，中国已初步形成了一支以科技研究、技术推广人员为主体，老、中、青相结合的农业标准化人才队伍。

农业标准化虽然成效显著，但问题依然突出，目前面临新的发展机遇，在看到成绩的同时，我们也要清醒地看到，由于中国农业标准化工作起步晚，基础薄弱，与发达国家相比，我们在标准方面差距较大。当前，农业标准化工作中的难点主要表现在“三个薄弱环节”上：一是技术储备不足，难以跟上农业标准体系建设进程的需要；二是人才资源储备不足，难以跟上农业标准化实施进程的需要；三是监管手段不足，检测、认证与管理难以跟上现代农业发展进程的需要。

6. 农业标准化是农业发展的必然趋势

（1）农业标准化是市场供求形势发展的必然要求

随着农业国际化日益增强，农产品、农业技术以及信息的相互交流和交换越来越频繁，竞争的全球化和区域经济一体化的迅速发展，农业标准的国际化，采用国际标准，将成为世界农业发展的趋势，代表了现代农业的发展方向。欧、美、日、澳等国高度现代化的农业，无不以高度的标准化为基础。提高农业标准化的发展水平，已成为提高一个国家产品的市场竞争力的重要措施。随着中国加入 WTO，加强农业标准化的工作，提高中国农业产品的国际竞争力，已成为中国农业发展的当务之急。世界发达国家农业的发展，大都经历了两个阶段，实现了两次大的飞跃。第一个阶段：主要是实现了由低产到高产的飞跃，较好地适应了人口增长对农产品的数量需求。这个阶段的目标，在中国也已经达到。第二阶段：主要是实现了由数量到质量的飞跃，较好地适应了温饱之后人们日益增长的对农产品的质量需求。而这个阶段，在中国正在起步。过去是产品计划分配、定量供应、凭票购买，现在生产力发展了，农业产出量增大了，人们可以货比三家，消费的选择性明显增强。消费者所关心的不是能不能买到东西，而是购买的商品是不是卫生安全，是不是富有营养，是不是食用方便。在这三条当中，最关键的又是安全问题。因为，食品安全，既是广大消费者的最基本需求，也是对农产品进入市场的最起码的质量要求；既是消费者应享受的基本权利，又是商品生产经营者应尽的基本义务。

中国现在已在部分大城市搞农产品质量市场准入试点，并将逐步扩大范围，如果我们农产品的质量不能有一个大的提高，农产品的卫生安全这一关过不去、过不好，产品就很难进入市场。

（2）推行农业标准化，应对入世挑战，适应农产品市场的变化

加入世贸组织，对农业的发展将会带来许多新的机遇，但也面临许多严峻的挑战，既有花色品种、加工档次、包装装潢的不适应，又有经营理念、经营方式、经营体制、政策法规的不适应等。目前来看，问题最大的还是产品质量的不适应。过去我们是非贸易成员国家，对国外农产品的进口限制比较严，国内市场空间比较大，能出口的搞出口，出不去的转内销，可以“水路不通走旱路”有较大的回旋余地。入世之后，根据《农产品协议》、《贸易技术壁垒协议》等规则，原有的许多进口限制将逐步取消，国门将进一步敞开，门槛大大降低，特别是进口关税将逐步大幅度降低，世界各国的农产品必然会更多更便利进入到国内市场。

（3）农业标准化是推进农业产业化进程的重要前提

农业产业化是中国农村生产力发展的内在要求，是农村和农村经济改革与发展的必然趋势。推动农业产业化将是当前乃至今后农村经济改革与发展的重大主题。农业产业化的实质是市场化和社会化，按照市场需求组织农业生产是产业化的发展方向。在中国以家庭经营为主体的农产品生产模式中，如何将市场对农产品的具体需求如品种、规格、加工、包装、质量、品牌等量化为农民可以操作的标准，就成为具体而现实的问题。使农业产品与工业产品一样成为真正的标准化产品，对农业产业化的推进是至关重要的。

(4)农产品创名牌对农业标准化提出了新要求

买方市场条件下的农产品竞争的实质是品牌竞争，而农业标准化是农产品创名牌的必由之路。一个农产品的品牌形成，必然建立在对资源、市场、科技、生产经营、配套服务体系充分论证的基础上，克服传统农业经济的盲目性、随意性，要求在优良品种、种养殖技术，到农产品加工质量、安全卫生、检验检疫、包装贮运以及生产资料的供应和技术服务等环节上，都要实现标准化的生产与管理。发展品牌农业，提高竞争优势，将成为中国农业标准化发展的一个新视野。

(5)农业标准化推行是提高农民素质，增加农业效益，拓宽农民增收渠道的重要举措

加快农业发展，科技是支撑，农民素质是基础。面对市场需求的新变化、科技进步的新形势，现实中普遍低的农民素质，已经成为农业发展上档次、上水平的重大制约。推行农业标准化的过程，说到底，就是推广普及农业新技术、新成果的过程，是培训教育农民学科学、用技术的过程。推行农业标准化，既能够推动农业良种化、设施化、科学化水平的提高，又能促进农业向规模化、产业化、外向化的方向发展，既有利于提高农产品的质量品质，又有利于提高农业的比较效益，最终必然会带来农业整体素质的提高和市场竞争力的显著增强。同时，通过推行农业标准化生产，可以帮助农民群众更好地了解市场信息，自觉增强质量品牌意识，积极发展特优新农产品生产，不断开辟新的增收门路和办法。从这些意义上讲，抓住了农业标准化，就是抓住了农民素质提高和农业增效、农民增收的关键。

(6)农业标准化推行是改善生态环境，实现可持续发展的有效途径

由于缺乏科学指导和严格控制，中国工业污染和城乡生活污染已相当严重，农业生产中滥用农药、化肥等现象比较普遍，

不仅影响了人民群众的身体健康，而且造成同源污染，影响到土壤、水体，破坏了人类赖以生存发展的生态环境。如已经禁用的“DDT”，能在水土中存留几十年而不被降解，科学家在南极企鹅的体内分离到了它的成分，像这样明令禁止多年的高残留农药，至今在个别地方还在非法生产和使用。解决类似的问题，除了加强教育和严格执法以外，根本性的措施就是通过推行农业标准化，不断提高农民科学用药、用肥和规范生产管理的自觉性，促进经济、社会、生态的协调发展。因此，推行农业标准化，不单纯是一项追求现实经济效益的生产措施，也是一项保护生态环境，维持长远发展，利在当代、惠及子孙的公益事业，具有重大的社会意义。

(7)新的农业科技革命要求农业标准化理论研究和实践探索有新的突破

良种、农药和化肥，构成了20世纪农业生产的基本技术要素。但是随着DNA重组技术、细胞工程、基因工程和酶工程等现代农业技术的发展，冲击传统的农业生产格局，以生物技术和信息技术为主要支撑的新的农业革命已经兴起，这就要求农业标准化理论体系的研究领域进一步拓宽。农业高新技术产品在产业化、商品化的国际竞争必须要在通用、兼容、质量安全性和产品系列等方面借助于农业标准化。现代标准化将突破传统行业和领域界限，面向农业高新技术，面向世界的要求，制定出符合农业高新技术及其产业发展的新标准。

因此，农业标准化工作是推进农业产业化发展，加快农业现代化进程和促进农业可持续发展的不可缺少的重要手段和措施。从总体上看，面对农业结构性战略调整，面对农产品全球性竞争愈演愈烈的新形势，中国农业标准化工作显得十分不适应。如农业质量安全标准普遍低于国际的标准，使农产品的出口受到严重影响；农业标准体系不够健全，监测机构和执法体系不完善；监测手段落后，现代化装备水平低，缺乏客观、公正、科学的依据，从而导致农产品分级不严，质量不高，安全性较差，掺杂使假现象严重等问题。全面提高实施农业标准这方面的工作还任重道远。

7. 中国实施农业标准化的工作重点

从中国农业标准工作的实际情况和其面临的新形势来综合考虑，当前切实加强农业标准化工作的重中之重应是以下几个方面。

（1）紧紧围绕农业产业化市场化发展的需要，开展农业标准化工作

标准化是所有产业化市场化经营活动的基础性工作，具有不可替代的作用。开展农业标准化，要以促进农业生产技术的指标化、规范化、系统化和科学化，从而促进农业产业化的发展为切入点。在具体实践中，要把农业标准化的实施与发展农业产业化有机地结合起来。农业标准化要在当地政府提出的产业化的发展规划中提出农业标准化的要求。要把农业标准化的规划和项目重点放在当地农业的支柱产业和主导产品上。各项技术标准、工作标准、管理标准的制定要有利于标准体系的完整性和配套性，更要注重先进技术的推广和农户便于操作。要把农业标准化渗透到农业产业化的全过程中去，从种子、种禽、种畜、苗木及生产过程的标准化抓起，逐步在产品加工、质量安全、贮藏保鲜和批发销售环节实施标准化管理，引导龙头企业建立标准化体系，不断提高产品的质量。

在社会主义市场经济的条件下，农产品的质量等级标准将成为市场准入的基本条件，对规范市场、打击假冒伪劣产品等不法行为，提高农产品的竞争力都具有积极的作用。随着生产技术和企业管理技术的不断提高，企业之间的竞争日趋激烈。当降低生产成本，提高生产效率的竞争发展到一定程度时，竞争的焦点开始由生产领域转向流通领域。一个比较完善的现代农产

品批发市场、销售市场应具备推行农产品质量标准的功能。即对农产品按国家标准进行质量安全检验、分级和标准化的管理。通过实施农产品标准化，使产品在销售、拍卖时一看产品规格、质量等级就可以交易。因此，实施农业标准化，要与规范购销行为和市场秩序结合起来，合理地调整农民、经销商和企业的利益，从而促进农业产业化的健康发展。

（2）突出农业品牌的创建，充分发挥农业标准化的作用

创建农业名牌是农业产业化的“牛鼻子”，农业标准化和农业品牌是互为促进、密不可分的关系。农业标准化应围绕区域农业如何形成品牌、形成规模、增加产量、提高质量、创建名牌、扩大市场方面做文章。中国许多知名的农产品，因缺乏标准化的生产和加工，质量时好时坏，市场竞争力不强，形不成品牌优势。加强农业标准化工作，将有助于有效地创建农产品的品牌。

随着农业和农村经济进入新的发展阶段，农产品安全问题已成为农业发展的主要矛盾之一。当前应迅速建立重要农产品安全标准体系和监督检测体系。在两个体系建设的基础上，以重要农产品为突破口，实行从产地到加工、销售全过程的质量安全控制，使那些无信誉、产品质量安全不符合标准要求的产品无市场、无销路。农产品的质量与安全是创品牌农业乃至培育市场化农业的首要条件。

（3）建立相应的农业标准化推广体系

农业标准化需要推广和实施，才能变成现实的效益和成果，建立标准化推广体系是农业标准化工作的重要环节。农业标准化推广体系至少应包括以下几个方面：①宣传体系：采用多渠道、多形式的宣传手段，大力宣传标准化在农业中的作用，增强生产者、经营者和消费者的标准化意识。②科技体系：在传授农业技术的同时，将标准寓于其中，使农民在掌握农业科学技术知识的同时掌握农业标准化的原理和方法。③监督检查体系：对

标准实施进行监督检查,建立必要的标准许可制度,对生产地或企业进行质量审查和标准审核,确保标准得以正确的贯彻执行。大力改善监督监测手段,研究开发能够快速监测方法,实现监督监测手段的现代化。④标准化示范体系:积极开展农业标准化示范区工作,做到组织有效,行动有力,效果显著。根据各项技术标准、技术规程加强宣传培训,指导实际操作,引导农民按标准化组织生产;大力培育示范户,典型引路,以点带面扩大推广范围。⑤标准化信息咨询服务体系:做好信息的收集工作,包括国内国际技术标准,国际先进的检测方法等方面的变化情况,为及时调整质检工作提供依据。为农民和产业化企业以及社会及时提供国内国际市场需求的技术标准方面的信息和传递农产品质量安全监督检查和检验检疫情况的信息,以及正确引导市场消费的信息。加强与有关部门的协作配合,扩大资源共享,提高工作水平。

(4)加强农业标准化理论和技术的研究

为进一步完善有关农产品质量标准体系和标准化工作水平,当前主要是研究体现市场对农产品优质要求的质量等级划分的科学依据和方法;研究并确定农产品中有毒有害物质残留等涉及质量安全方面的限量标准及配套的检测分析方法;研究和开发适用于现场应用的快速检测技术和设备;研究农业标准化示范的理论与技术途径;研究世界各国农业标准体系以及中国农业标准体系如何与国际接轨等内容和问题。积极开展农业标准化理论与方法的研究,对指导当前乃至今后开拓标准化工作的深度和广度都有着重要的意义。

(5)在具体工作上,抓好农业标准体系、农业标准化实施体系、农业标准化监督体系和农业标准化组织体系等“四大体系”的建设工作

工作目标上要明确“三个服务”。一是围绕“无公害食品行动计划”的全面实施,农业标准化要为提高农产品质量

安全水平服务。二是围绕“三农”和粮食安全问题，农业标准化要为促进农业增效、农民增收和保障粮食安全服务。三是围绕进出口贸易，农业标准化要为增强农产品市场竞争力服务。

工作方法上要强化“三个结合”。一是农业标准化与农产品质量安全管理要紧密结合。二是农业标准化与无公害农产品、绿色食品、有机食品认证要紧密结合。三是农业标准化与农技推广要紧密结合。

工作布局上要处理好“三个关系”。一要处理好推进农业标准化与强化农业投入品整治、抓好农产品质量安全监管之间的关系。二要处理好农业标准化基础工作与面上工作之间的关系。三要处理好农业标准化与农产品产地认定和产品认证之间的关系。

工作重点上要实现“三个转变”。一是从抓目标向抓落实转变。二是从抓数量向数量质量并举、突出质量安全转变。三是从初级管理向深度管理转变。

工作措施上要确保“五个到位”。一是加强领导，开拓创新，农业标准化重要性的认识要到位。二是明确职责，完善制度，农业标准化示范推广的长效机制要到位。三是形式多样，搞好服务，农业标准化宣传落实要到位。四是充实队伍，提高素质，农业标准化人才队伍建设要到位。五是强化实施，多方支持，农业龙头企业带动和行业协会服务要逐步到位。

要结合“优势农产品区域布局规划”、“优粮工程”、农业“七大体系”等重大农业建设项目，强化农业标准化的实施。要强化质量自控，积极促进和发挥龙头企业、专业技术协会等在农产品标准化实施中的示范带动作用，建立自我约束和自我发展的机制。根据中国国情，实施龙头企业带动是一个战略选择。

需要特别指出的是，农业标准化≠食品安全，食品安全（包括无公害）只是农业标准化众多目标中的一个，并非全部内容。决不能将农业标准化与食品安全管理等同。中国农业标准化应该有自己的发展战略，就是以优质化、专用化和多样化的市场需求为导向，以分散化、自由化和大宗化的生产实际为基础，围绕中国农业结构调整，借鉴国际经验，建立权威的国家农产品标准体系（包括无公害和质量分等分级两部分内容），规范、优化农产品的品质和质量，促进农业产业化和农产品流通，提升中国农业的竞争力。

（二）农产品质量安全

经历了“毒奶粉”、“三聚氰胺”、“瘦肉精”后，“地沟油”、“染色馒头”等事件又浮出水面，食品安全问题又一次成为公众关注的焦点。人们对农产品的质量安全表现出了前所未有的关注，有的甚至到了谈食色变的地步，食品安全已成为继人口、资源、环境之后的第四大社会问题。因此，如何生产安全的农产品，营造安全健康的农产品消费环境，是一个不可回避的现实问题。

1. 定义

农产品质量安全，就是指农产品的可靠性、使用性和内在价值，包括在生产、贮存、流通和使用过程中形成、合成留有和残存的营养、危害及外在特征因子，既有等级、规格、品质等特性要求，也有对人、环境的危害等级水平的要求。

2. 农产品质量安全标准

农产品质量安全标准，是农产品质量安全监管的重要执法依据，也是支撑和规范农产品生产经营的重要技术保障。农产品质量安全标准包括两个大的方面，一个是农产品质量和卫生方面的限量要求，另一个是以保障人的健康、安全的生产技术规范和检验检测方法。2008 年新的《食品安全法》颁布实施后，中国的食品安全标准包括农产品质量安全标准，执行统一的国家标准。在国家层面，现行的食品安全国家标准，合并了原有的食品卫生国家标准、食品质量国家标准和相关食品农产品安全方面的行业标准，体现了国家食品安全标准的协调性和统一性。根据《中华人民共和国食品安全法》（以下简称《食品安全法》）规定和农业、卫生两部门协商意见，农产品中农药残留和兽药残留国家标准由农业部组织制定，两部门联合发布实施。

截至 2010 年底，农业部已组织制定农业国家标准和行业标准 4 800 余项，有关农产品安全限量标准和检验检测方法标准 1 800多项。贯通农产品产地环境、农业投入品、生产规范、产品质量、安全限量、检测方法、包装标识、贮存运输在内的农产品质量安全标准体系基本构建。

3. 加强监管、确保农产品质量安全的重要措施

①加强农产品产地环境整治。实施沼气工程，大力推广“猪－沼－农作物”生态农业模式，引导农户改厕，统一处理垃圾，大大减轻对农业的源头污染。

②加强标准化基地建设和“三品一标”认证。加强农产品产地环境、生产过程和农业投入品等关键环节监管，重点检查农产品生产单位生产记录的建立、填写和保存等情况。

③加强农产品例行监测和市场准入制度。建立县、乡（镇）和村组农产品质量安全监管机构，强化监督检测能力建设，扩大例行监测范围和种类，对大型生产基地实行农产品检测准出，对集贸市场和超市实施市场准入制度，继续做好经营企业的自律检测工作，农产品生产基地农残抽检、市场农产品农残抽检工作。

④加强农产品质量安全专项整治。依法对产品生产中使用国家禁止的高毒剧毒农药的查处，积极推行农业标准化生

产和优质农产品生产基地建设，严厉打击假种子、假农药、假肥料等违法行为，切实保证农产品生产质量安全。建立和完善农产品质量安全监督执法制度，从而有效解决农产品来源不清、产地不明、追溯困难等问题，确保农产品从市场到餐桌的质量安全。

⑤加强农产品监管和检测体系建设。按照“政府负总责，三级有机构，监管到村组，检测全覆盖”的总体思路和“属地管理、分级建设、分层次监管和检测”的基本原则，以完善行政管理体系和检测设备为重点，按照农产品产前、产中、产后各个环节相互配套，产地、投入品和产出品全程监管，逐步建立县、乡（镇）、村三级农产品质量安全监管体系检验检测体系，监管能力和水平得到全面提升。

（三）转基因技术与转基因食品

1. 转基因技术定义

转基因技术是将人工分离和修饰过的基因导入到生物体基因组中，由于导入基因的表达，引起生物体的性状的可遗传的修饰，这一技术称之为转基因技术。

2. 转基因技术的优势

首先，传统育种技术一般只能在某一种生物的种内个体间实现基因转移，而转基因技术打破了物种间的天然隔离，理论上可以实现任何物种之间的基因交流，可以超过自然进化千百万倍的速度产生在自然界中尚不存在的新生物，使人为地创造出满足人类社会经济目的的生物新品种成为可能。

其次，传统的杂交和选择技术一般是在生物个体水平上进行，操作对象是整个基因组，所转移的是大量的基因，不可能准确地对某个基因进行操作和选择，对后代的表现预见性较差。而转基因技术所操作和转移的一般是功能明确的基因，后代表现可准确预测。通俗地讲，常规技术的育种是“散弹轰击”，而转基因实现了“精确制导”。

第三，转基因技术比传统技术大大加快了育种进程。由于转基因技术是把功能明确的基因导入到生物中，后代的选择更有目的性，准确率更高，因此，育种的过程相对较短，可以在较短的时间内获得人们所希望的生物新品种。

由于转基因技术与传统育种技术的本质都是通过获得优良基因进行遗传改良，因此，将转基因技术与传统育种技术紧密结合，能培育多抗、优质、高产、高效新品种，大大提高品种改良效率，并可降低农药、肥料投入，在缓解资源约束、保障粮食安全、保护生态环境、拓展农业功能等方面潜力巨大。

但是，目前的生物技术远未使人们达到随心所欲的境界。转基因育种技术还存在有益基因资源缺少、转化技术需要完善等种种限制。因此，转基因技术是对传统技术的发展和补充。将两者紧密结合，相得益彰，才可大大地提高动植物品种改良的效率。

3. 中国的转基因技术与应用

中国是一个人口大国，解决 13 亿人口的吃饭问题始终是头等大事。突破耕地、水等资源约束，减少环境污染，保障国家粮食安全和农产品有效供给，归根结底要靠科技创新与应用。经多年努力，中国在重要基因发掘、转基因新品种培育及产业化应用等方面都取得了重大成果。推进转基因技术研究与应用，是着眼于未来国际竞争和产业分工的重大战略，是确保国家粮食安全的重要途径。

党中央、国务院高度重视转基因技术研究与应用工作，2006 年，将转基因生物新品种培育重大专项列入《国家中长期科学和技术发展规划纲要》(2006 ~ 2020 年)；2008 年 7 月，国务院批准启动了转基因生物新品种培育重大专项；2009 年 6 月，国务院发布《促进生物产业加快发展的若干政策》，提出“加快把生物产业培育成为高技术领域的支柱产业和国家的战略性新兴产业”。2012年中央1号文件提出，“继续实施转基因生物新品种培育科技重大专项”。

目前，农业部正会同科技部、发展改革委等10个转基因生物新品种培育重大专项领导小组成员单位，遵照中央和国务院的总体部署，按照“加快研究、推进应用、规范管理、科学发展”的指导方针，遵循“强化自主创新，突出战略重点，创新管理机制，培植生物产业”的总体思路，坚持以产品和产业为导向，上中下游紧密衔接、多部门多学科联合协作、产品研发与安全评价协调推进和分类分步推进产业化的基本原则，加快实施转基因生物新品种培育重大专项，努力获得一批具有重要应用价值和自主知识产权的基因，培育一批抗逆、抗病虫、优质、高产、高效的转基因生物新品种，为中国农业可持续发展提供强有力的科技支撑。

4. 中国转基因生物安全管理状况

加强农业转基因生物安全管理，是推进转基因技术研究与应用的重要保障。中国政府十分重视农业转基因生物安全管理工作，坚持立法先行、有法可依、执法保障，已经形成了一整套适合中国国情并与国际惯例相衔接的法律法规、技术规程和管理体系，依法实施安全管理取得显著成效。

一是建立健全法律法规。1996年，农业部发布了《农业生物基因工程安全管理实施办法》。2001年，国务院颁布了《农业转基因生物安全管理条例》，对在中国境内从事的农业转基因生物研究、试验、生产、加工、经营和进出口等活动进行全程安全管理。农业部和质检总局制定了5个配套规章，发布了转基因生物标识目录，建立了研究、试验、生产、加工、经营、进口等环节的许可和标识管理制度。

二是加强技术体系建设。经农业转基因生物安全管理部际联席会议成员单位推荐，农业部组建了农业转基因生物安全委员会、全国农业转基因生物安全管理标准化技术委员会，35个检测机构通过国家计量认证和农业部审查认可。大力组织开展转基因生物分子特征、环境安全和食用安全性研究，不断提高技术支撑能力，目前已发布62项技术标准，保障了依法管理工作的需要。

三是科学规范开展安全评价。安委会按照法规和相关技术标准要求，参考国际组织制定的评价指南，遵循科学、个案、熟悉原则，严谨规范地开展评价工作。截至2009年底，批准发放了转基因棉花、番茄、矮牵牛、辣椒、番木瓜、水稻、玉米等植物的安全证书。

四是强化行政监督管理。各级农业行政管理部门切实加强田间试验、品种审定、种子生产经营和产品标识等环节的执法监管，大力开展法规培训和科普宣传，确保各项活动依法有序进行。

法制化和规范化的严格监管有效保障了中国转基因技术研究的健康发展和转基因产品的安全应用。

5. 全世界转基因作物种植情况

根据国际农业生物技术应用服务组织（ISAAA）报告，2009年全球转基因作物种植面积继续攀升，达到1.34亿公顷，约占全球耕地面积的8%，比2008年增长了7%（900万公顷），比1996年的170万公顷增加了80倍。

2009年，全球种植转基因作物的国家为25个，其中，种植面积超过100万公顷的前八位国家分别是美国（6 400万公顷）、巴西（2 140万公顷）、阿根廷（2 130万公顷）、印度（840万公顷）、加拿大（820万公顷）、中国（370万公顷）、巴拉圭（220万公顷）和南非（210万公顷）。此外，全球另有30个国家批准转基因产品进口或进行试验。2009 年全球转基因作物种植种类达到 24 种，但主要种植的主要有 4 种：转基因大豆、转基因玉米、转基因棉花和转基因油菜。另外 20 种，分别是水稻、马铃薯、南瓜、西葫芦、甜菜、番茄、胡萝卜、黄瓜、茄子、番木瓜、苹果、梨、草莓、康乃馨、菊花、郁金香、紫苜蓿、杨树、烟草、牵牛花。

6. 什么是转基因食品

转基因食品是指利用生物技术改良的动物、植物和微生物所制造或生产的食品、食品原料及食品添加物等。针对某一或某些特性，以一些生物技术方式，修改动物、植物基因，使动物、植物或微生物具备或增强此特性，可以降低生产成本，增加食品或食品原料的价值。

目前，全球的科学家们还无法为转基因食品安全问题在短时间内下一个定论。虽然存在争议，但有一点要注意，那就是各类转基因食品必须在商标中明示。为了保护消费者的知情权和选择权，中国对转基因产品实行目录标识制度，列入标识目录的转基因产品需要标识。目前，市场上的转基因食品如大豆油、油菜籽油及含有转基因成分的调和油均已标识。今后，农业部将借鉴国外标识管理经验，结合国内农产品生产、销售特点，进一步完善转基因产品标识管理制度，更好地满足消费者的知情权和选择权。

（四）无公害农产品

1. 无公害农产品概念

无公害农产品是指产地环境、生产过程、产品质量符合国家有关标准和规范的要求，经认证合格获得认证证书并允许使用无公害农产品标志的未经加工或初加工的食用农产品。

2. 无公害农产品标志的含义

无公害农产品标志图案主要由麦穗、对勾和无公害农产品字样组成，麦穗代表农产品，对勾表示合格，金色寓意成熟和丰收，绿色象征环保和安全，如图 2。

图 2　无公害农产品标志

无公害农产品标志使用是政府对无公害农产品质量的保证和对生产者、经营者及消费者合法权益的维护，是县级以上农业部门对无公害农产品进行有效监督和管理的重要手段。以“无公害农产品”称谓进入市场流通的所有获证产品，均须在产品或产品包装上加贴使用标志。

无公害农产品标志有 5 个种类：刮开式纸质标识加贴在无公害农产品上或产品包装上；锁扣标识应用于鲜活类无公害农产品上；捆扎带标识用于需要进行捆扎的无公害农产品上；揭露式纸质标识直接加贴于无公害农产品上或产品包装上；揭露式塑质标识加贴于无公害农产品内包装上或产品外包装上。

3. 无公害农产品特点

①政府推行的公益性认证。无公害农产品是政府推出的一种安全公共品牌，目的是保障基本安全，满足大众消费。无公害农产品执行的标准是强制性无公害农产品行业标准，产品主要是老百姓日常生活离不开的“菜篮子”和“米袋子”产品，如蔬菜、水果、茶叶、猪牛羊肉、禽类、乳品禽蛋和大米、小麦、玉米、大豆等大宗初级农产品。因此，无公害农产品认证实质上是为保障食用农产品生产和消费安全而实施的政府质量安全担保制度，属于公益性事业，实行政府推动的发展机制，认证不收费。无公害农产品执行的标准是强制性，无公害农产品认证是中国

农产品认证主要形式之一，目前虽然是自愿性认证，但与其他的自愿性产品认证相比有本质的区别。

②产地认定与产品认证相结合。无公害农产品认证采取产地认定与产品认证相结合的模式。产地认定主要解决生产环节的质量安全控制问题；产品认证主要解决产品安全和市场准入问题。无公害农产品认证的过程是一个自上而下的农产品质量安全监督管理行为，产地认定是对农业生产过程的检查监督行为，产品认证是对管理成效的确认，包括监督产地环境、投入品使用、生产过程的检查及产品的准入检测等方面。

③推行全程质量控制。无公害农产品认证运用全过程质量安全管理的指导思想，强调以生产过程控制为重点，以产品管理为主线，以市场准入为切入点，以保证最终产品消费安全。推行“标准化生产、投入品监管、关键点控制、安全性保障”的技术制度，从产地环境、生产过程和产品质量 3 个重点环节控制危害因素。

4. 生产无公害农产品允许使用的肥料

(1)农家肥料

是指含有大量生物物质、动植物残体、排泄物、生物废物等物质的肥料。

①厩肥。系指猪、牛、马、羊、鸡、鸭等畜禽的粪尿与秸秆垫料堆制成的肥料。

②沼气肥。在密封的沼气池中，有机物在厌氧条件下腐解产生沼气后的副产品。

③绿肥。利用栽培或野生的绿色植物作肥料，主要分为豆科和非豆科两大类，豆科有绿豆、蚕豆、草木樨等；非豆科绿肥，最常用的有禾本科(如黑麦草)，十字花科(如肥田萝卜)等。

④作物秸秆。作物秸秆含有相当数量的营养元素(N、P、K、Ca、S 等)，在适宜的条件下通过土壤微生物的作用，矿化后再回

到土壤中,为作物吸收利用。

⑤泥肥。未经污染的河泥、塘泥、沟泥、港泥、湖泥等。

⑥饼肥。菜籽饼、棉籽饼、豆饼、芝麻饼、花生饼、蓖麻饼、茶籽饼等。

(2)商品肥料

①商品有机肥料。指以大量生物物质、动植物残体、排泄物、生物废物等物质为原料加工制成的商品肥料。

②腐殖酸类肥料。指泥炭(草炭)、褐煤、风化煤等含有腐殖酸类物质的肥料。

③微生物肥料。指用特定微生物菌种培养生产具有活性的微生物制剂,通过特定微生物的生命活动能改善植物的营养或产生植物生长激素,促进植物生产。

④半有机肥料(有机复合肥)。由有机和无机物质混合或化合制成的肥料。经无害化处理后的畜禽粪便,加入适量的锌、锰、硼、钼等微量元素制成的肥料。

⑤无机(矿质)肥。矿质经物理或化学工业方式制成,养分呈无机盐形式的肥料。矿物钾肥和硫酸钾;矿物磷肥(磷矿粉);煅烧磷酸盐(钙镁磷肥、脱氟磷肥);石灰石:限在酸性土壤使用;粉状硫肥:限在碱性土壤中使用。

⑥叶面肥料。是指喷施于植物叶片并能被其吸收利用的肥料,叶面肥料中不得含有化学合成的生长调节剂。微量元素肥料是以 Cu、Fe、Mn、Zn、B、Mo 等微量元素及有益元素为主配制的肥料。植物生长辅助物质肥料是用天然有机肥提取液或接种有益菌类的发酵液再配加一些腐殖酸、藻酸、氨基酸、维生素、糖等配制的肥料。

(3)其他肥料

不含有害物质的食品、鱼渣、牛羊毛废料、骨粉、氨基酸、残渣、骨胶废渣、家畜家禽加工废料、糖醋厂废料等有机物料制成的经农业管理部门登记允许使用的各种肥料。

5. 无公害农药

(1)定义

所谓无公害农药就是指用药量少,防治效果好,对人畜及各种有益生物毒性小或无毒,要求在外界环境中易于分解,不造成对环境及农产品污染的高效、低毒、低残留农药。采收的商品蔬菜要注意农药安全间隔期,使其农药残留量务必低于国家规定的允许标准。

(2)种类

①生物源农药:指直接利用生物活体或生物代谢过程中产生的具有生物活性的物质或从生物体提取的物质作为防治病、虫、草害和其他有害生物的农药。具体可分为;植物源农药、动物源农药和微生物源农药。如:Bt、除虫菊素、烟碱大蒜素、性信息素、井冈霉素、农抗120、浏阳霉素、链霉素、多氧霉素、阿维菌素、芸苔素内脂、除螨素、生物碱等。

②矿物源农药(无机农药):有效成分起源于矿物的无机化合物的总称。主要有硫制剂、铜制剂、磷化物,如硫酸铜、波尔多液、石硫合剂等。而毒性较大、残留较高的砷制剂、氟化物等不在本推荐范围之内。

③有机合成农药:限于毒性较小、残留低、使用安全的有机全成农药。推荐经过多年应用证明使用安全的菊酯类、部分中、低毒性的有机磷、有机硫等杀虫剂、杀菌剂及部分中低毒性的二苯醚类除草剂等。如氯氰菊酯、溴氰菊酯、抗蚜威、禾草灵、稀杀得、禾草克、果尔、都尔等。高残留的有机氯类农药、二次中毒的氟乙酰胺、代谢物为“三致”物的乙撑硫脲等诸类农药不在推荐之列。

6. 无公害农产品认证环节

①省农业行政主管部门组织完成无公害农产品产地认定(包括产地环境监测),并颁发《无公害农产品产地认定证书》;

②省级承办机构接收《无公害农产品认证申请书》及附报材料后，审查材料是否齐全、完整，核实材料内容是否真实、准确，生产过程是否有禁用农业投入品使用和投入品使用不规范的行为；

③无公害农产品定点检测机构进行抽样、检测；

④农业部农产品质量安全中心所属专业认证分中心对省级承办机构提交的初审情况和相关申请资料进行复查，对生产过程控制措施的可行性、生产记录档案和产品《检验报告》的符合性进行审查；

⑤农业部农产品质量安全中心根据专业认证分中心审查情况，组织召开“认证评审专家会”进行最终评审；

⑥农业部农产品质量安全中心颁发认证证书、核发认证标志，并报农业部和中国国家认证认可监督管理委员会联合公告。

（五）绿色食品

1. 绿色食品概念

绿色食品是指遵循可持续发展原则，按照特定生产方式生产，经专门机构认定，许可使用绿色食品标志的无污染的安全、优质、营养类食品。绿色食品的“绿色”一词，体现了其所标志的商品从农副产品的种植、养殖到食品加工，直至投放市场的全过程实行环境保护和拒绝污染的理念，而并非描述食品的实际颜色。

2. 绿色食品标准的属性

①是国家农业行业标准（根据适用范围分）；

②是推荐性（NY/T）标准（根据法律的约束性分）；

③对于绿色食品生产企业来说，是强制性标准，必须严格执行。

3. **绿色食品标志**

绿色食品标志是由中国绿色食品发展中心在国家工商行政管理总局商标局注册的质量证明商标，受国家商标法的保护(图3)。绿色食品证明商标的注册范围涵盖了《商标注册用商品和服务国际分类》的九大类别的产品。食品生产企业在其产品包装上使用绿色食品标志必须经中国绿色食品发展中心批准，否则属于商标侵权行为，将受到工商行政管理部门的依法查处，甚至被诉诸人民法院。

图3　绿色食品标志

4. **申报绿色食品**

(1)申报产品

除了下列不受理产品以外的大多数产品都可以申请。不受理的产品：目前，生产水平下，工艺、添加物等尚不能达到绿色食品标准要求、作用机理不清的及转基因产品。涉及转基因产品的，除转基因产品外，还包括以转基因产品为加工、饲料原料、利用转基因产品作生产资料生产的产品，均不受理。香烟、药品也不予受理。

(2)申请人应该应具备的条件

申请人必须是企业法人；企业应具备绿色食品生产的条件(如基地、厂房等)；生产有一定规模，具有较完善的质量管理体系；加工企业须生产经营一年以上；非企业法人、无法控制产品质量的单位、团体、组织及有可能影响认证公正性的都不能作为申请人。

5. **绿色食品认证程序**

(1)提出认证申请

提出认证申请须准备如下材料(一式两份)：

《绿色食品标志使用申请书》、《企业及生产情况调查表》、保证执行绿色食品标准和规范的声明、生产操作规程（种植规程、养殖规程、加工规程）、公司对“基地＋农户”的质量控制体系（包括合同、基地图、基地和农户清单、管理制度）、产品执行标准、产品注册商标文本（复印件）、企业营业执照（复印件）、企业质量管理手册、产品包装标签、要求提供的其他材料。

（2）受理及文审

省绿色食品发展中心收到上述申请材料后，进行登记、编号，完成对申请认证材料的审查工作后，向申请人发出《文审意见通知单》。

申请认证材料不合格的，通知申请人本生产周期不再受理其申请。

申请认证材料合格的，执行第三条。

（3）现场检查、产品抽样

省绿色食品发展中心应在《文审意见通知单》中明确现场检查计划，并在计划得到申请人确认后委派 2 名或 2 名以上检查员进行现场检查。

现场检查合格，可以安排产品抽样。

（4）环境监测

绿色食品产地环境质量现状调查由检查员在现场检查时同步完成。

经调查确认，产地环境质量符合免测条件，免做环境监测。

经调查确认，必要进行环境监测的，省绿色食品发展中心自收到调查报告 2 个工作日内以书面形式通知绿色食品定点环境监测机构进行环境监测。

（5）产品检测

绿色食品定点产品监测机构自收到样品、产品执行标准、《绿色食品产品抽样单》、检测费后，20 个工作日内完成检测工作,出具产品检测报告。

(6)认证审核

省绿色食品发展中心收到检查员《现场检查评估报告》和《环境质量现状调查报告》后,签署审查意见,并将认证申请材料、检查员《现场检查评估报告》《环境质量现状调查报告》及《绿色食品认证情况表》等材料报送中国绿色食品发展中心认证处。

中心认证处收到省绿色食品发展中心报送材料、环境监测报告、产品检测报告及申请人直接寄送的《申请绿色食品认证基本情况调查表》后,进行登记、编号,并组织审查人员及有关专家对上述材料进行审核,20 个工作日内做出审核结论。

审核结论为"有疑问,需现场检查"的,中心认证处在 2 个工作日内完成现场检查计划,书面通知申请人,并抄送省绿色食品发展中心。

审核结论为"材料不完整或需要补充说明"的,中心认证处向申请人发送《绿色食品认证审核通知单》,同时抄送省绿色食品发展中心。申请人需在 20 个工作日内将补充材料报送中心认证处,并抄送省绿色食品发展中心。

审核结论为"合格"或"不合格"的,中心认证处将认证材料、认证审核意见报送绿色食品评审委员会。

(7)认证评审

绿色食品评审委员会自收到认证材料、认证处审核意见后10 个工作日内进行全面评审,并做出认证终审结论。

结论为"认证合格",执行第八条。

结论为"认证不合格",评审委员会秘书处在做出终审结论2 个工作日内,将《认证结论通知单》发送申请人,并抄送省绿色食品发展中心。本生产周期不再受理其申请。

(8)颁证。

（六）有机农业与有机食品

化学肥料的依赖高投入及合成农药等合成资材，并以大型农机与种植单一作物来提高生产效率，虽然缓和了人口增加所造成粮食需求的压力，但影响了地球的自然生态体系，自然资源被过度使用而逐渐枯竭，长久下来对于地球环境（包括水、土壤及空气等）造成负面影响。

1. 有机农业的概念

尽管有机农业有众多定义，但其内涵是统一的。有机农业是指遵循可持续发展原则，按照有机农业基本标准，在生产过程中完全禁止或限制使用人工合成的肥料、农药、生长调节剂和家畜饲料添加剂，禁止采用基因工程技术及其产物的农业生产体系，而采用有机肥满足作物营养需求的种植业，或采用有机饲料满足畜禽营养需求的养殖业，其核心是建立和恢复农业生态系统的生物多样性和良性循环。

2. 有机农业的特点

有机农业与目前农业相比较，有以下特点。

（1）可向社会提供无污染、好口味、食用安全的环保食品，有利保障人民身体健康，减少疾病发生

化肥农药的大量施用，在大幅度提高农产品产量的同时，不可避免地对农产品造成污染，给人类生存和生活留下隐患。目前人类疾病的大幅度增加，尤以各类癌症的大幅度上升，无不与化肥农药的污染密切相关。有机农业不使用化肥、化学农药，以及其他可能会造成污染的工业废弃物、城市垃圾等，因此，其产品食用就非常安全，且品质好，有利保障人体健康。

（2）可以减轻环境污染，有利恢复生态平衡

目前化肥农药的利用率很低，一般氮肥只有20%～40%，农药在作物上附着率不超过10%～30%，其余大量流入土壤、

水体,造成环境污染,如造成水体富营养化,影响鱼类生存。农药在杀病菌害虫的同时,也增加了病虫的抗性,杀死了有益生物及一些中性生物,结果引起病虫再猖獗,使农药用量越来越大,施用的次数越来越多,进入恶性循环。改用有机农业生产方式,可以减轻污染,有利于恢复生态平衡。

(3)有利提高中国农产品在国际上的竞争力,增加外汇收入

随着中国加入世贸组织,农产品进行国际贸易受关税调控的作用越来越小,但对农产品的生产环境、种植方式和内在质量控制越来越大(即所谓非关税贸易壁垒),只有高质量的产品才可能打破壁垒。有机农业产品是一种国际公认的高品质、无污染环保产品,因此,发展有机农业,提高中国农产品在国际市场上的竞争力,增加外汇收入。

(4)有利于增加农村就业、农民收入,提高农业生产水平

有机农业是种劳动知识密集型产业,是项系统工程,需要大量的劳动力投入,也需要大量的知识技术投入。有机农业食品在国际市场上的价格通常比普遍产品高出20% ~50%,有的高出一倍以上。因此,发展有机农业可以增加农村就业,增加农民收入,提高农业生产水平,促进农村可持续发展。

3. 中国发展有机农业的优势

在中国发展有机农业有着众多优势和广阔的发展前景。首先中国有着历史悠久的传统农业,在精耕细作、用养结合、地力培肥、农牧结合等方面都积累了丰富的经验,这也是有机农业的精髓。有机农业是在传统农业的基础上依靠现代的科学知识,在生物学、生态学、土壤学科学原理指导下对传统农业反思后的新的运用。其次中国有其地域优势,农业生态景观多样,生产条件各不相同,尽管中国农业主体仍是常规农业依赖于大量化学品,但仍有许多地方,多集中在偏远山区或贫困地区,农民很少或完全不用化肥农药,这也为有机农业的发展提供了有利的发

展基础。第三，有机农业的生产是劳动力密集型的一种产业，中国农村劳动力众多，这有利于有机食品发展.同时也可以解决大批农村剩余劳动力。第四，随着中国加入世贸组织，中国农产品的出口受到绿色非贸易壁垒的限制，有机食品的发展能与国际接轨，可以开拓国际市场。同时随着中国人民生活水平提高和环境意识的增强，有机食品的国内市场在近几年内将有较大发展，因此，有机食品在国内外都会有广阔的发展前景。

4. 国内发展前景

中国有机农业的发展起始于20世纪80年代，近年来已有许多外贸公司联合生产基地进行了多种产品的开发，如有机豆类、花生、茶叶、葵花籽、蜂蜜等。目前绝大部分有机食品已出口到了欧洲、美国、日本等国家。从总体情况来看，中国有机食品的生产目前仍处于起步阶段，生产规模较小，且基本上都是面向国际市场。

5. 有机食品的定义

有机食品是国际上普遍认同的叫法，这一名词是从英法 Organic Food 直译过来的，在其他语言中也有叫生态或生物食品的。这里所说的“有机”不是化学上的概念。

国际有机农业运动联合会（IFOAM）给有机食品下的定义是：根据有机食品种植标准和生产加工技术规范而生产的、经过有机食品颁证组织认证并颁发证书的一切食品和农产品。

国家环保局有机食品发展中心（OFDC）认证标准中有机食品的定义是：来自于有机农业生产体系，根据有机认证标准生产、加工、并经独立的有机食品认证机构认证的农产品及其加工品等。包括粮食、蔬菜、水果、奶制品、禽畜产品、蜂蜜、水产品、调料等。随着人们环境意识的逐步提高，有机食品所涵盖的范围逐渐扩大。除有机食品外，还有有机化妆品、纺织品、林产品、生物农药、有机肥料等，他们被统称为有机产品。

有机食品是以有机农业生产体系为前提，有机农业是一种完全不用化学合成的肥料、农药、生长调节剂、畜禽饲料添加剂等物质，也不使用基因工程生物及其产物的生产体系，其核心是建立和恢复农业生态系统的生物多样性和良性循环，以维持农业的可持续发展。

有机食品与其他食品的显著差别在于，有机食品在生产和加工过程中严格禁止使用农药、化肥、激素等人工合成物质，而一般食品的生产加工则允许有限制地使用这些物质。同时，有机食品还有其基本的质量要求：原料产地无任何污染，生产过程中不使用任何化学合成的农药、肥料、除草剂和生长素等，加工过程中不使用任何化学合成的食品防腐剂、添加剂、人工色素和用有机溶剂提取等，贮藏、运输过程中不能受有害化学物质污染，必须符合国家食品卫生法的要求和食品行业质量标准。

6. 有机食品认证机构

按照相关规定，需经国家认监委批准后才能开展有机产品认证。截止到 2011 年 12 月，经批准可以开展有机产品认证的机构有 23 家（见表 1）。

表 1　可开展有机产品认证的机构

序号	认证机构名称
1	中国质量认证中心
2	杭州万泰认证有限公司
3	方圆标志认证集团有限公司
4	广东中鉴认证有限责任公司
5	浙江公信认证有限公司
6	中食恒信（北京）质量认证中心有限公司
7	北京中安质环认证中心
8	黑龙江省农产品质量认证中心
9	中环联合（北京）认证中心有限公司
10	北京五洲恒通认证有限公司

（续表）

序号	认证机构名称
11	北京中绿华夏有机食品认证中心
12	辽宁方园有机食品认证有限公司
13	辽宁辽环有机食品认证中心
14	北京五岳华夏管理技术中心
15	新疆生产建设兵团环境保护科学研究所
16	西北农林科技大学认证中心
17	南京国环有机产品认证中心(同时还可开展出口有机产品认证)
18	北京东方嘉禾认证有限责任公司
19	杭州中农质量认证中心
20	北京爱科赛尔认证中心有限公司(同时还可开展出口有机产品认证)
21	南京英目认证有限公司(仅限出口有机产品认证)
22	北京中合金诺认证中心有限公司
23	上海色瑞斯认证有限公司(仅限出口有机产品认证)

7. 中国有机产品认证标志

中国有机产品认证标志有两种:中国有机产品标志、中国有机转换产品标志。获得有机产品或有机转换产品认证的,应当在获证产品或者产品的最小销售包装上,加施中国有机产品或中国有机转换产品认证标志。但是,初次获得有机转换产品认证证书1年内生产的有机转换产品,只能以常规产品销售,不得使用有机转换产品认证标志及相关文字说明。

获证产品在使用中国机产品认证标志同时,还应当在获证产品或者产品的最小销售包装上,标准该枚有机产品认证标志的其唯一编号(有机码)和认证机构名称或者其标识。

8. 有机食品判断标准

有机食品需要符合以下标准。

①原料来自于有机农业生产体系或野生天然产品。

②产品在整个生产加工过程中必须严格遵守有机食品的加工、包装、贮藏、运输要求。

③生产者在有机食品的生产、流通过程中有完善的追踪体系和完整的生产、销售的档案。

④必须通过独立的有机食品认证机构的认证。

9. 有机产品生产的基本要求

生产基地在最近3年内未使用过农药、化肥等违禁物质；种子或种苗来自于自然界，未经基因工程技术改造过；生产基地应建立长期的土地培肥、植物保护、作物轮作和畜禽养殖计划；生产基地无水土流失、风蚀及其他环境问题；作物在收获、清洁、干燥、贮存和运输过程中应避免污染；从常规生产系统向有机生产转换通常需要2年以上的时间，新开荒地、撂荒地需至少经12个月的转换期才有可能获得颁证；在生产和流通过程中，必须有完善的质量控制和跟踪审查体系，并有完整的生产和销售记录档案。

10. 有机产品加工的基本要求

原料必须是来自已获得有机认证的产品和野生（天然）产品；已获得有机认证的原料在总产品中所占的比例不得少于95%；只允许使用天然的调料、色素和香料等辅助原料和《OFDC有机认证标准》中允许使用的物质，不允许使用人工合成的添加剂；有机产品在生产、加工、贮存和运输的过程中应避免污染；加工/贸易全过程必须有完整的档案记录，包括相应的票据。

11. 有机食品认证基本要求

生产基地在最近3年内未使用过农药、化肥等违禁物质；种子或种苗来自于自然界，未经基因工程技术改造过；生产基地应建立长期的土地培肥、植物保护、作物轮作和畜禽养殖计划；生产基地无水土流失、风蚀及其他环境问题；作物在收获、清洁、干燥、贮存和运输过程中应避免污染；从常规生产系统向有机生产转换通常需要2年以上的时间，新开荒地、撂荒地需至少经12个月的转换期才有可能获得颁证；在生产和流通过程中，必须有完善的质量控制和跟踪审查体系，并有完整的生产和销售记录档案。

12. 有机产品加工/贸易的基本要求

原料必须是来自已获得有机认证的产品和野生（天然）产品；已获得有机认证的原料在终产品中所占的比例不得少于95%；只允许使用天然的调料、色素和香料等辅助原料和《OFDC有机认证标准》中允许使用的物质，不允许使用人工合成的添加剂；有机产品在生产、加工、贮存和运输的过程中应避免污染；加工/贸易全过程必须有完整的档案记录，包括相应的票据。具体标准参见《OFDC有机认证标准》。

13. 有机食品认证程序

有机食品认证程序见图4。

14. 如何识别有机产品

随着人们对健康的日益重视，有机产品慢慢地走进普通老百姓的“菜篮子”，但有机产品的价格比普通产品高很多，少数不法之徒见利忘义，在市场上贩卖伪冒的有机产品。下面提供一些识别有机产品的办法：

首先看在有机产品的销售专区或陈列专柜，是否摆放有机产品认证证书复印件。内容包括证书编号、认证委托人（证书持有人）名称、地址，基地（加工厂）名称、地址，产品名称、规模、产量，证书有效期，认证机构名称、标识等。其中有机产品认证证书有效期为1年。

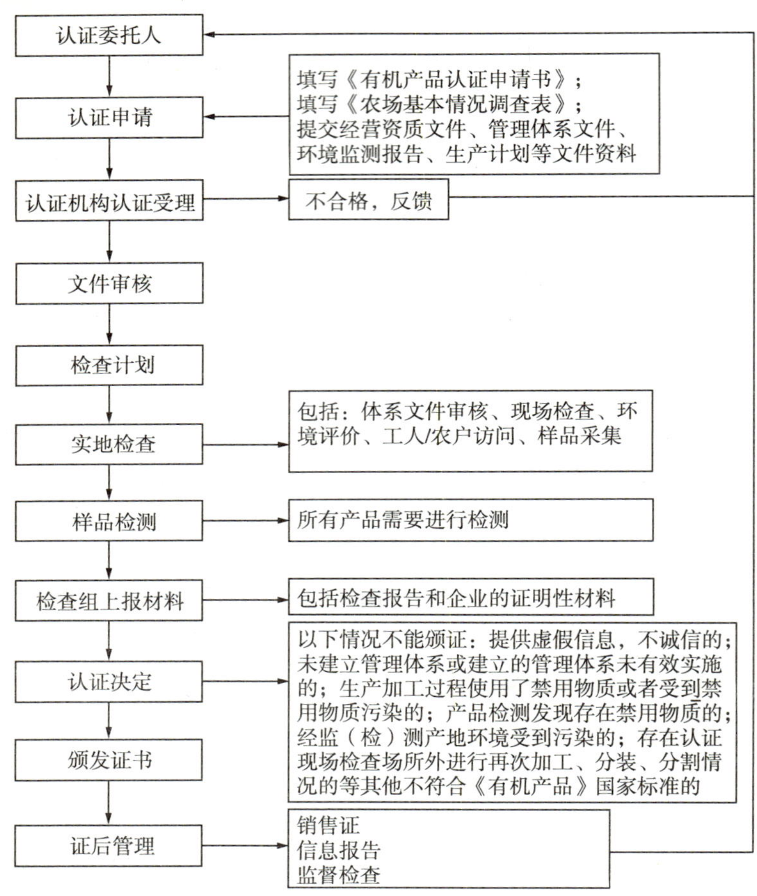

图 4　有机食品认证程序示意图

其次看产品或者产品的最小销售包装上，是否有中国有机产品认证标志或中国有机转换产品认证标志及其唯一编号、认证机构名称或其标识。消费者还可通过“中国食品农产品认证信息系统”查询到有机产品认证标志所对应获证产品的基本信息。

再次看商家有没有“有机产品销售证”，它应该悬挂于店铺的显眼位置，内容包括认证证书号、认证类别、获证组织名称、产品名称、购买单位、数量、产品批号等内容。

（七）农产品地理标志

为提高农产品竞争力，创建和保护农产品品牌的各种方式，如字号命名、商标注册、名牌产品认定、质量安全认证（有机食品、绿色食品、无公害农产品认证）、地理标志保护等应运而生。其中地理标志保护是国际上普遍承认、颇具影响的一种农产品品牌经营方式。在中国，它不但推出了很多蜚声海内外的知名产品，而且推进和提升了中国农业产业化，把知识产权保护工作从城市向农村延伸，是建设社会主义新农村的有效途径。

1. 地理标志的概念和特征

农产品地理标志是指标示农产品来源于特定地域，产品品质和相关特征主要取决于自然生态环境和历史人文因素，并以地域名称冠名的特有农产品标志。此处所称的农产品是指来源于农业的初级产品，即在农业活动中获得的植物、动物、微生物及其产品。

地理标志既是产地标志，也是质量标志，更是一种知识产权。目前，地理标志保护既是国际知识产权保护中的热点问题之一，也是国内知识产权保护中的热点问题之一，受到社会的普遍关心和重视。农产品地理标志是农业传统优势资源的重要载体和地方特色品牌集中体现，要从保护中国传统农业文化遗产和农业知识产权的高度，切实挖掘好、培育好、保护好。对农产品地理标志登记保护，重点要在科学规范鉴评的基础上，把历史悠久、品质优良、规模影响力大的品种和产品先行加以登记保护，为区域特色农业和区位优势经济的发展提供强有力的资源支持、品种支持、技术支持、品牌支持和市场竞争优势支持。

地理标志保护涉及的产品主要是农产品和食品。中国是一个农业大国,历史悠久,资源丰富。地理环境和气候环境的多样性,中国人的聪明才智,决定了有特色品质的农产品、食品的丰富性。因此,积极推动地理标志的保护工作,在中国尤其具有重要的意义。同时,地理标志保护有利于促进农村的经济发展,有利于农民增收,有利于农村经济结构的调整,是一项实实在在的富民工程,也是落实党中央、国务院“三农”工作战略部署的重要举措。

(1)地理标志必须是实际存在的地理名称

它可以是一个国家的名称,也可以是某一地区的名称,如西充黄心苕、蓬安锦橙100号等。

(2)地理标志是一种质量证书

它表示商品独特的品质、声誉和其他特点而使用的一种特殊标志,不但说明了该产品的产地,更具有保证商品质量的作用。正是由于地理标志代表着所提供产品的固有质量和特点,是生产者信誉的缩影,常常对消费者的购买选择起决定性的作用,这也是国际社会对地理标志实施保护的根本原因。

(3)地理标志产品独特的品质、声誉与特点可归因于特定的地理来源(包括自然因素和人文因素)

自然因素主要指产地的气候、环境、土壤、水源、物种以及天然原料等。而人文因素则主要指产地特有的产品加工工艺、生产技术、传统配方、秘诀或人物轶事。

2. 地理标志保护在农产品品牌化经营方面的优势

地理标志保护,能够充分利用地方自然、历史、文化等资源,推进农产品生产和经营的组织化和规模化,在农产品品牌化经营方面具有独特的优势。

(1)地理标志保护能够依托地域资源优势,促进农产品品牌的开发农产品生产对气候、光照、土壤、水质等自然条件的依赖性较强，不同的自然环境条件直接影响农产品品质的形成。许多农产品的种类及其品种具有生产的最佳地域，脱离了特定地域，这些产品的市场认可度就会大打折扣，甚至被认为是假冒伪劣产品，若其他地区生产的这些产品往往不被消费者认同。通过实施地理标志保护，能够把农产品的特色优势转为市场优势，有利于农产品品牌的创建。

（2）地理标志保护能够凝聚地方人文历史文化，提升农产品品牌的附加值

农产品的文化内涵，它结晶在农产品品牌的经营观、价值观、欣赏观和审美观等因素中，是理念形态和经营行为的总和，是形成农产品品牌价值的重要组成部分，是提升农产品品牌附加值、竞争力的原动力。一个农产品品牌的形成，往往是一个历史的过程，地方历史文化的渗透，充盈其中并发挥着不可替代的作用。将原产地历史发展中积淀下来的宝贵无形资产给予知识产权保护，将地方人文历史文化加以凝聚和催化，使农产品品牌更具有内涵和商品价值，提升农产品品牌的附加值。

（3）地理标志保护能够推进农产品产业化和规模化，增强农产品品牌的竞争力

农产品品牌的形成离不开市场份额的扩大和影响力的提高，依靠单家独户的农民或小规模经营创立品牌障碍重重。中国农业生产以农户为主，组织规模化程度不高，难以参与国内外市场竞争。实施地理标志保护可以将分散的农户以地理标志知识产权为纽带、以龙头企业为通道，形成专业化生产和规模化布局的农业产业化生产基地，提高农业产业化经营水平，增加农产品品牌的竞争力。

农产品地理标志登记保护作为特色农业和区域经济发展的载体，已成为各地推进农业发展方式转变、保护自然生态、传承农耕文化、彰显区位优势、创建优势品牌、壮大特色产业、提升市场竞争力的重要途径。实践证明，地理标志农产品比普通农产

品的价格高、质量优、市场竞争力强。可以说，农产品地理标志既是一种资源，也是一种资产，更是一种资本。加快农产品地理标志品牌登记保护，有利于发挥农产品地域优势，延伸农业产业链条，提高农产品附加值，促进农业增效和农民增收。四川省地域特色农产品资源丰富，地域品牌培育和发展的空间大。加快农产品地理标志登记保护，将农业资源优势转化为经济优势，是新时期特色农业、品牌农业、现代农业建设的重要组成部分，在农业农村经济发展中具有举足轻重的地位和作用。

3. 农产品地理标志产品申报

(1)职责分工

农业部负责全国农产品地理标志的登记工作，农业部农产品质量安全中心负责农产品地理标志登记的审查和专家评审工作。省级人民政府农业行政主管部门负责本行政区域内农产品地理标志登记申请的受理和初审工作。农业部设立的农产品地理标志登记专家评审委员会，负责专家评审。

(2)申请条件

地理标志登记的农产品，应当符合下列条件：称谓由地理区域名称和农产品通用名称构成；产品有独特的品质特性或者特定的生产方式；产品品质和特色主要取决于独特的自然生态环境和人文历史因素；产品有限定的生产区域范围；产地环境、产品质量符合国家强制性技术规范要求。

(3)农产品地理标志登记申请人条件

农产品地理标志登记申请人应当是由县级以上地方人民政府择优确定的农民专业合作经济组织、行业协会等服务性组织，并满足以下 3 个条件：具有监督和管理农产品地理标志及其产品的能力；具有为地理标志农产品生产、加工、营销提供指导服务的能力；具有独立承担民事责任的能力。农产品地理标志是集体公权的体现，企业和个人不能作为农产品地理标志登记申请人。

(4)农产品地理标志登记流程

农产品地理标志登记需要两个步骤,第一步是资格确认申请,见图5。第二步可登记申报,见图6。

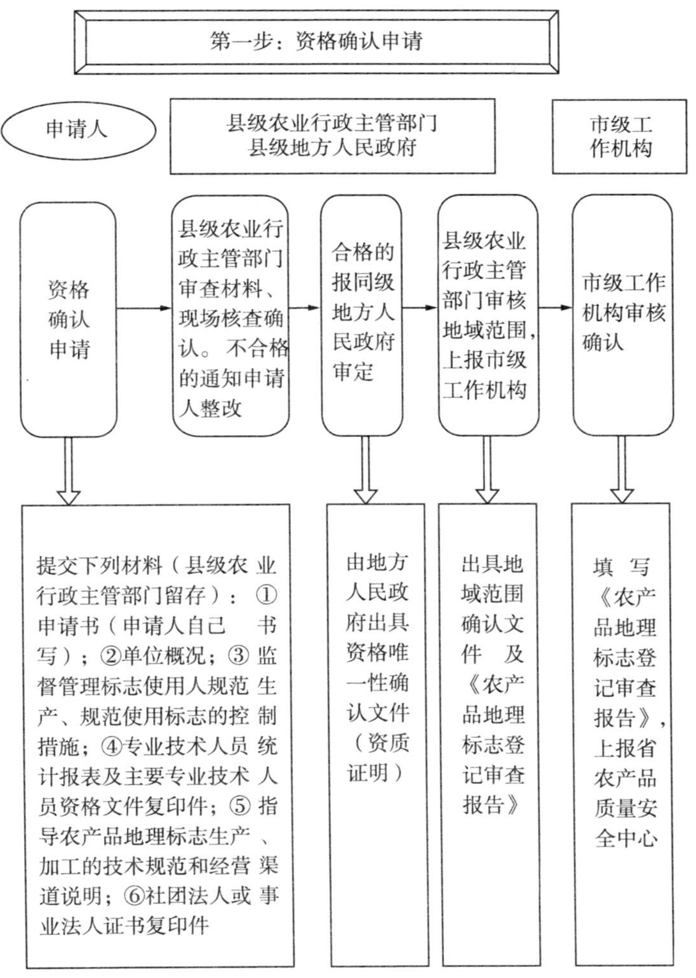

图5　农产品地理标志登记的资格确认申请

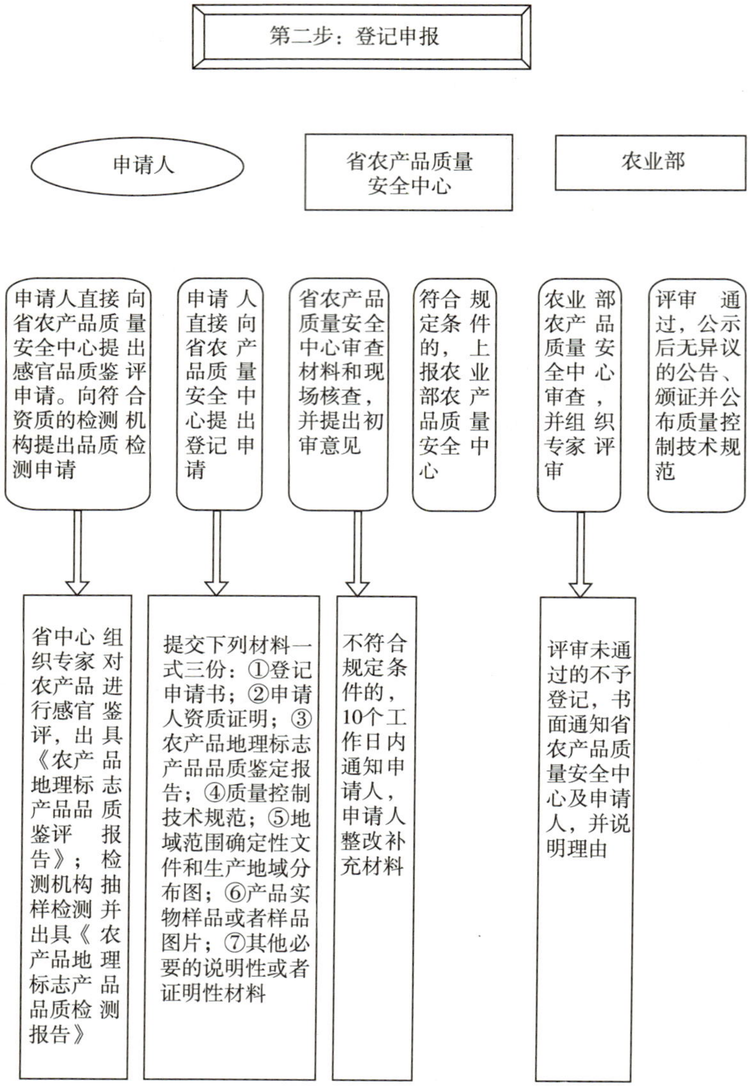

第二步：登记申报

申请人

省农产品质量安全中心

农业部

申请人直接向省农产品质量安全中心提出感官品质鉴评申请。向符合资质的检测机构提出品质检测申请

申请人直接向省农产品质量安全中心提出登记申请

省农产品质量安全中心审查材料和现场核查，并提出初审意见

符合规定条件的，上报农业部农产品质量安全中心

农业部农产品质量安全中心审查，并组织专家评审

评审通过，公示后无异议的公告、颁证并公布质量控制技术规范

省中心组织专家对农产品进行感官鉴评，出具《农产品地理标志产品品质鉴评报告》；检测机构抽样检测并出具《农产品地理标志产品品质检测报告》

提交下列材料一式三份：①登记申请书；②申请人资质证明；③农产品地理标志产品品质鉴定报告；④质量控制技术规范；⑤地域范围确定性文件和生产地域分布图；⑥产品实物样品或者样品图片；⑦其他必要的说明性或者证明性材料

不符合规定条件的，10个工作日内通知申请人，申请人整改补充材料

评审未通过的不予登记，书面通知省农产品质量安全中心及申请人，并说明理由

图6　农产品地理标志的登记申报

（八）农产品加工及包装

农产品加工业不但是农业生产的继续、发展和深化，也是消费品工业的主要行业之一，因而与人民生活息息相关，它的发展直接影响着农牧业生产、经济发展、民族振兴和人民的合理膳食结构，对保障城镇居民在肉、果、菜、蛋、奶等的供应需要上起到了物质保证作用。这也是农业、营养和食物有机的统一，是农业宏观战略的重要组成部分。中国农产品保鲜加工业在近几十年来有了较快的发展，极大地改善了中国食品市场的供应现状，随着计划经济向市场经济的过渡，农产品产后处理和加工行业已由销地向产地转移。近几年来，在食品及农产品的包装材料、包装机械、包装技术、加工工艺等方面取得了几百项成果，有些成果达到了国内外先进水平。

1. 农产品加工

中国农业在历经近 20 多年的不懈努力，已基本完成了“解决 13 亿人温饱”这个突破性的历史任务，农业发展进入新阶段，农产品加工产业作为解决“农村发展、农业增效、农民增收”的重要途径，对中国农业未来发展的综合性影响和引领性作用日益突出，依靠科技进步和技术创新，有效支撑农产品加工产业的快速发展和产业技术水平的全面提高，已成为新时期中国科技工作具有战略性和全局性的重要任务。

农产品加工业是农业产业的重要环节之一，随着中国国民经济的快速发展，作为食品工业重要支柱的农产品加工业取得了巨大成就，在促进农业的持续发展、保证城乡市场供应，对协调国民经济健康、快速发展具有战略性的积极作用。

长期以来，中国农产品加工产业发展严重滞后。首先，加工转化能力薄弱，如粮食的深加工量仅占其总产量的 8%，苹果为 4.7%，柑橘为 5%，肉禽类为 4%，远远低于发达国家 70% 以上的水平；其次，加工技术水平低，如工艺与设备落后、机电一体化水平低等；第三是产品单一、档次低，质量差、整体水平仍以初加工为主；第四是农产品加工企业规模小、资源的综合利用率低；第五是农产品标准不健全，质量控制体系不完善。上述问题成为制约农业和农村经济发展的"瓶颈"，也使中国只是农业生产大国，而无法成为农业强国。

(1)定义

农产品加工是把农产品按其用途分别制成成品或半成品的生产过程。

(2)分类

针对原料的加工程度而言可分为初加工和深加工。加工程度浅、层次少、产品与原料相比，理化性质、营养成分变化小的加工过程可称为初加工；加工程度深、层次多，经过若干道加工工序，原料的理化特性发生较大变化，营养成分分割很细，并按需要进行重新搭配，这种多层次的加工过程称为深加工。它是在应用现代科学技术的基础上所进行的现代化加工方式。

2. 包装

产品的包装，是产品形象和质量的重要组成部分。一项成功的产品包装设计，除了能充分体现商品和艺术完美结合的理念，还应具备货架印象、可读性、外观图案、商标印象、功能特点说明等5个要点，从而吸引消费者的关注，增强产品的竞争力，增加产品的附加值，促进商品的销售。产品包装设计在现今商品营销的重要性可见一斑。中国是一个农业大国，随着经济社会的发展和人们生活质量的提高，农产品包装在农产品交易中地位越来越高，许多商家包括一些农产品生产、销售商都在想方设法使自己的产品包装看起来更加精美，在同类产品中更加具有竞争力，可以说在包装设计上是下足了工夫的。但当前中国农产品的包装设计仍相对落后，这在一定程度上影响了农产品贸易的收入。因此，切实改进农产品的包装设计，具有很重要的现实意义。

中国农产品包装设计还处于起步阶段，国内已经有一部分专家和学者已经开始呼吁农业部门和广大农民对农产品的包装引起重视，这是一个很好的现象，但是面对中国农产品包装的现状，需要努力和改进的地方较多。

农产品的包装设计尽量与文化背景相结合，有特色、有文化内涵的包装没计，才能在众多产品中脱颖而出，勾起消费者的购买欲望，最终到达预期的销售目标。

（九）农业品牌

随着传统农业向现代农业发展，农产品的品牌化日显重要。一方面，消费者的品牌意识逐渐增强，农产品的竞争压力不断增大，市场进入也愈加困难；另一方面，中国加入世贸组织后，大量国外品牌的农产品纷纷进入中国市场，从而导致中国农产品足不出户就必须参与国际市场的竞争。在此背景下，中国农产品能否在同国外同类产品的竞争中取得竞争优势，很大程度上还要看农产品的牌子有多硬。某种意义上说，今后的市场竞争可以说是品牌与品牌间的竞争。然而，当前中国大多数农产品仍处于“有名品、无名牌”的窘境中，缺乏品牌意识是中国农业参与市场竞争的软肋。因此，对农产品品牌战略的实施刻不容缓，意义重大。

农产品品牌，是农产品生产经营者整合当地经济因素、社会因素和文化因素等要素给自己产品确定的具有个性特色和竞争优势，并能与社会经济发展和市场需求相适应的名称和标志的组合。品牌具有独占性，是品牌拥有者的无形资产，是产品走向市场的通行证。由于农产品本身的特点，其品牌创建过程中有相当的难度。

一是品牌建设主体的分散性。从世界农产品品牌的成功经验看，多为先有规模，后有品牌，规模支撑品牌。但中国农产品品牌开发却以规模小、杂、弱，经营分散的农户为主要依托。农业企业小规模分散经营的生产特点,使农产品品牌不论在地域上还是在产业链环节上,都存在一定的分散性和分割性。在相当长的一段时间里,人们普遍认为只要产品做好了、市场做大了,就形成了品牌,难以形成组团出击、集中打响品牌的合力。

二是品牌建设过程的艰巨性。从生产条件看,农产品对自然环境的依附性较强,许多品牌产品依赖于独具的地域特征,离开了这些自然条件,农产品品牌就无从依托,失去根本。因此,许多农产品的品质质量较难稳定。从农产品科技创新来看,现有农产品企业的产品基本上停留在粗加工上,精深加工产品、二次增值产品少,高科技产品更少,农产品品牌科技含量低。

三是品牌建设中的制约性。品牌知名度和美誉度的提高是品牌价值得以实现的必要前提,这一切都离不开各种形式的宣传。由于农产品属性,单位价值较低,需求价格弹性较低,品牌效益短期内难以显现,品牌认知和识别困难,品牌建设费用投入大,见效慢,这也是制约农产品品牌快速成长的重要原因之一。另外产品品牌战略未进入农业企业和企业家的核心理念,同时他们也缺乏成熟的品牌运作方式,忽视对优质品牌产品的策划和宣传。

1. 农业品牌定义

农业品牌是指农业生产经营者在其产品或服务项目上使用的用以区别其他同类和类似产品与服务的名称及其标记。

2. 培养农业品牌的意义

①有利于促进农业规模化、标准化、产业化和市场化,是用工商业理念发展农业、加快传统农业向现代农业转变的重要手段。

②有利于建立农产品质量安全与信誉管理的载体和约束机制,促进质量安全责任追溯制度的实行,是提高农产品质量安全水平和市场竞争力的迫切要求。

③有利于按照市场需求引导土地、资金、技术、劳动力等生产要素进行优化配置，推动农业生产向优势区域集中，带动产业结构优化升级，是整合并发挥资源优势、促进农业增效、农民增收的重要举措。

④是国务院赋予农业部门的重要职责，是各级农业部门整合工作手段，调动各方力量，推动工作落实的重要抓手。各地农业部门要充分认识培育农业品牌的重要意义，切实增强紧迫感和责任感，采取有力措施，进一步加强农业品牌工作，努力做大、做强一批农业品牌，为发展现代农业提供有效支撑。

3. 农业品牌的内涵

品牌可以简单理解为：品牌 = 好品质的产品 + 牌子

名牌可以理解为：名牌 = 具有特色的高品质的产品 + 知名牌子

打造农业品牌核心内涵就是品牌的核心竞争力，农业品牌的核心内涵主要包括特色、品质、创意。农业品牌涵盖新品种的培育、生产管理方式的创新、产后加工产品的分级、包装设计、与文化历史的融合、营销推介的方式方法等。

4. 农业品牌架构

构建科学合理的农产品品牌架构对推动农产品品牌建设非常必要，实施农产品品牌战略需要各级政府、行业主管部门、行业协会、企业的合理分工与密切配合。

(1)农业区域品牌

基于对本区域内农业整体特征、发展愿景的把握，结合本区域内重要文化特征符号，立足于向人们展示本区域的整体形象和与其他区域不同的部分，由当地政府或农业主管部门作为实施和管理的主体，通过政策引导区域内农业经营主体遵守相应的规范，积极支持整体品牌建设工作，并分享品牌建设的成果。农业区域品牌位于金字塔架构的顶层。区域品牌建设的主体是各级政府和行政主管部门，其主要任务是制定区域农业品牌战略并督促实施。

(2)农业产业品牌

一个强势的农业区域品牌应由几个强势的产业品牌构成。强势的农业产业品牌支撑农业区域品牌。农业各产业的行业主管部门根据政府制定的本农业区域品牌战略，提出实施落实本地区的强势产业的产业品牌实施意见，包括产业品牌建设的原则、范围、内容、目标、政策等，并负责具体实施，这一工作也可会同或委托产业协会完成。如林业部门对本区域林果品牌进行品牌塑造和管理，水产养殖部门对本区域水产品品牌进行塑造和管理，为本产业内的企业提供持续的支持，举办各种宣传、推介活动，为企业的发展提供各种服务。

(3)农业企业品牌

一个强势的产业品牌一定是由一个或几个强势的龙头企业带动的。因此，强势的企业品牌是农业品牌架构的最重要的层级，从某种角度看，它决定了农业区域品牌和产业品牌建设的成败。强势品牌是区域农业品牌化战略的最终目的之一，也是支撑区域农业整体品牌的基础力量和带动产业发展的强劲动力。强势企业品牌的经营管理主体在企业本身，政府和行业主管部门以及协会应主动、积极围绕行业强势企业开展引导与服务工作，支持龙头企业做强做大，紧紧依托有实力、有潜力、有能力的龙头企业带动合作社和农户，开展产品的开发与市场的开拓。

(4)农业产品品牌

产品品牌是农产品品牌金字塔架构的基础和最重要的单元。一个企业最为重要的任务，就是根据消费者的需求和消费规律，开发有特色、高品质、有创意的受消费者青睐的产品品牌。产品品牌的开发主要包括产品品种、产品功能、包装设计的不断创新。通过不断地创新与开发来保持品牌的特色、品质与创意，而这也正是打造品牌的基本需求。

5. 农业标准化与农产品品牌的主要关系

农产品市场的竞争，不只是农产品的竞争，更是农产品品牌的竞争。

(1)农业标准化是农产品品牌发展的质量保证

以健全完善农业质量标准体系、农产品质量安全检测体系和农业标准推广应用体系为重点，加快推进农业标准化。通过制定和实施农业产前、产中、产后各个环节的技术标准和操纵规范，实行全程质量标准控制。

(2)农业标准化是农产品品牌发展的技术基础

抓好农业标准化种养基地建设，把创建农产品质量安全示范区与推进农业品牌培育战略有机结合。做到质量有标准、生产有规范、过程有监测、销售有标志、市场有监管，打牢农业品牌发展基础。

(3)农业标准化是农产品品牌发展的法律保障

农业标准化对农业健康持续发展起着越来越重要的作用，各级政府对农业标准化工作越来越重视，并出台了相关的政策和法律，因此，从某种程度上讲农业标准化是农产品品牌发展的法律保障。

6. 农产品品牌发展现状

近年来，品牌化的农产品越来越多，但从品牌发展的整体看，与工业品牌相比，农产品品牌发展滞后，主要表现为：

(1)农产品绝对数量少，发展速度明显低于品牌的整体发展速度。

(2)农产品驰名商标少，名牌意识落后。

(3)东部地区品牌绝对量多，中西部地区品牌的品牌拥有量少。

(4)加工农产品品牌多，初级农产品品牌少。

此外，中国很多农产品只有商品名称，没有品牌商标。

7. 实施农产品品牌战略的主要措施

(1)加强农业标准化

农业标准化是农产品品牌发展的质量保证、技术基础和法律保障,农产品品牌的创立、发展和巩固密不可分。农业标准化是按照“统一、简化、协调、优选”的原则,对农产品生产全过程,通过制定标准和实施标准,促进先进农业科技成果和经验的推广普及,提升农产品质量,促进农产品流通,规范农产品市场秩序,指导生产,引导消费,提高效益,提高农产品竞争力。农业标准化是指农产品生产环境标准化,农产品生产过程工艺标准化等,其建立和推广是一个系统工程,需要在强化标准化意识、制定和健全标准化推广体系等诸多环节着手解决。

(2)扩大品牌开发规模

要实施农产品品牌战略,必须进行农业产业化经营,形成规模经济效益,实施企业、基地、农户三结合的运行机制,作为品牌战略的组织依托,解决目前的生产规模小、农产品品质差别小、营销方式落后等问题。在生产方面,建立农民生产协会、专业性生产合作组织,内部实行不同程度的企业化管理与经营,应组织农民走专业化道路,以特色农业为龙头,聚集众多分散生产单元,走规模化、标准化道路。在市场方面,建立有特点的品牌产品产地市场,集中销售当地的名优农产品,同时建立稳定的销售渠道,开拓新的业务关系,促进农产品的大流通。在营销方面,将品牌与产品的包装、标签和企业的视觉形象相结合,提高其品牌形象,运用多种促销手段,扩大影响方面,提高公众对名牌优秀企业形象的认知度和美誉度,并与客户建立良好和稳固的关系。

(3)在先进技术与社会分工进一步发展的基础上发展农产品品牌

品牌的产生立足于先进技术与社会分工进一步发展的基础之上,农产品品牌的发展也不例外。先进的技术确保了品牌产品在质量上与功能上的先进性,从而使品牌更易被市场接受。在农产品的生产过程中,必须重视科技创新,走“科技兴农道路”,应广泛运用生物工程技术、现代先进种养技术、加工技术和信息技术等,发展科技含量和附加值高的品牌农产品,提高农业综合效益。然而,现阶段中国农产品生产的科技含量与经营规模水平都非常低。由于中国农业劳动生产率低,导致农产品成本高,在国际市场上竞争力不足,而分工的发展恰巧是医治这一问题的良药,分工使企业的生产规模不断扩大,生产效率不断提高,生产成本不断降低,从而使农产品品牌在市场更具竞争力,对品牌的发展起到推动作用。

(4)加大对品牌农产品的政府支持和保护

在农产品品牌发展中,政府要给予创“品牌”农产品的企业或合作组织更多的政策支持。农业品牌推广要统一规划、统一管理、统一协调,市级以上农业产业化经营龙头企业为推广对象,开设专门的推广窗口,与电视媒体、平面媒体和户外广告同步开展推广活动。一是政府应该根本转变政府职能,由行政领导者变为信息提供者和市场服务者,从而推动竞争环境的有序化。二是在金融、税收、出口补贴等方面给予扶持性政策支持以品牌生产为龙头的农业企业化组织建设。三是要大力推进农业科研创新和科技推广,加大政府对农业的公共投入,为实施品牌战略提供技术支持。“三品一标”产品认证仅是农业品牌培育的基础性工作,而农业品牌建设,涉及产品品质、技术、服务、营销等多个环节,不仅意味着合格的质量,更注重市场占有率和盈利能力。四是政府应关注国际农产品市场动态,通过签订对中国更为有利的多边和双边农产品贸易协议,为中国农产品打入国际市场创造良好条件,客观上推动中国农产品品牌的发展。

五、学会经营管理，大胆闯荡市场

无论是安排生产，还是组织经营，必须以市场为导向，靠啥开发市场？市场问题实质就是产品销路的问题，市场的手段就是信息收集、分析和利用，市场是我们安排生产的出发点和落脚点，是我们发展特色农业的根本保证。

我们经常听到许多地方水果丰收了，却卖不出去；蔬菜丰收了，却烂在了地里；药材丰收了，却卖不到好价钱。农民辛辛苦苦劳作一年，却收获无几，甚至血本无归。我们经常听到农民抱怨：现在庄稼越来越不好种了，价格高时没得卖，种多了又烂市。这些现象让人心酸，也令人担忧。

随着中国市场经济不断深入发展，特别是与国际接轨后，市场对于农业生产的影响，越来越大。2011 年春季全国蔬菜市场价格大降，很多地方出现了大片蔬菜卖不出去，烂在地里，菜农损失严重。有专家认为，造成这种现象的根本原因是菜农缺乏市场意识，不知道市场信息的重要，不了解市场的变化，生产前不研究市场的走向，确定生产内容和规模；生产中不分析市场的行情，根据市场调整生产管理；生产后不主动寻找市场，只是坐等商家上门。尤其是在欠发达地区的偏远地区，人们市场风险意识更弱，沟通渠道很少，"跟着感觉走"、"人看人"、"随大流"，跟风心理特别严重，农业生产远远滞后于市场需求，给农民带来了伤害，也挫伤了农民发展生产积极性，进一步增加了农产品供求市场的不确定性，造成国家宏观调控和管理困难。

要改变这种状况，我们必须要提高市场意识，高度重视市场信息的研究和利用。只有这样，我们才能更好地进行农业生产，有效规避市场风险，实现致富奔小康。

什么是市场意识？简言之就是按照市场需求变化进行生产，按照市场经济规律寻求发展的意识。通过市场检验产品的质量，通过市场树立产品形象，通过市场实现我们致富梦想。而市场信息的正确理解和使用，是树立良好市场意识的重要环节和手段。

（一）了解市场信息，把握市场脉搏

1. 市场信息的作用

信息对于面向市场的农民来说是必不可少的，它能确保其产品符合市场需要，可靠的市场信息至少可以起到几个方面的作用：

一是降低市场风险。在经济全球化、市场经济不断发展的今天，我们总是面临越来越多的风险，除了可能遭遇严重灾害等自然风险外，更严重的是随时可能遇到市场风险，价格低迷，造成入不敷出，甚至血本无归。因此，在生产前，加强对市场信息的收集、整理、分析，研究市场的走势，为我们制定生产计划、确定生产内容、选择作物品种和栽培技术，这些方面的工作对降低我们的风险具有非常重要的作用。

二是制定生产计划。在进行生产前，我们还必须根据我们掌握的市场信息，科学安排和选择不同作物种植和畜禽养殖时间。并根据季节情况确定是否进行异季种植，开展反季节栽培。在大的产品类型确定后，还要根据市场上不同品种的销售情况，选择同一作物的不同品种特性，最大限度地利用市场优势，提高收益。

三是调整生产计划。在生产过程中，我们一旦发现自己生产的产品在市场上出现大的变化，或者发现与我们原先制订的生产计划有大的出入，我们必须根据现在的情况变化，及时调整我们的生产计划，如采取延缓或促进生产进程的技术、调整产品的结构、缩小规模甚至中止现有生产，及时改变生产品种等措施，将我们的损失降到最低程度。这些都需要我们及时准确掌握市场动态和市场信息。

四是确定产品最佳卖出时机。我们生产的产品成熟后，就要根据市场行情决定我们的最佳卖出时机，特别是对一些有较长收藏时期的作物，如油菜、水稻、玉米等耐贮藏作物，什么时候卖是我们必须考虑的，对那些有一定缓冲时间的产品，如水果、部分耐贮存蔬菜，还可以根据市场价格变换规律，考虑是否进行贮藏。

五是确定销售地点和方式。种植的作物收获或养殖的动物出栏后，我们就要选择如何卖？怎样才能获得更高的利润？也需要对产品的市场信息作更多、更全面的了解。没有准确掌握市场信息，往往好的产品也卖不出好的价钱。

2. 怎么获取市场信息

农民获得信息的方式和方法是多种多样的。目前，社会日新月异，为我们获取信息提供了更先进、更科学、更方便的机会和方式。但不同的文化程度、和不同的地区，人们接受新鲜事物的程度和获取信息的途径存在很大差异。面对变化莫测的市场，怎样才能准确寻找市场信息，预测市场变化，掌握市场规律呢？总结寻找市场信息的方式，主要有下面 6 种。

(1)实地市场调查

实地市场调查还可以分成两种不同的方式：一种方式就是留心身边发生的事情，从偶然得到的消息去挖掘市场。只要我们是有心人，多注意身边发生的事情，就可以捕捉到好的信息；另一种方式就是到各个可能存在市场机会的地方去实地考察，综合分析这些信息以后，再采取行动。去各地实地考察需要花费不少的时间和精力，需要有一定经济实力，有较大生产规模的生产经营者可以采用这种方法。

（2）从广播电视上获取市场消息

由于广播和电视节目具有很强的时效性，不容易被我们记住。就是说，广播和电视节目播出以后，除非多次重复播放，没有什么其他方式可以引起我们注意，并保留这些消息，所以，尽管从广播和电视节目中收集到一些信息，但这种方式不是主要的，不是我们要花很多精力去注意的，而是和对待偶然得到的消息一样，做一个有心人就好。

（3）从报纸上寻找市场信息

报纸上的信息是比较及时的，也便于我们随便翻看。通过我们对报纸上很多信息的筛选和判断，选取适合当地状况的信息来经营农产品的生产和销售，往往会取得较好的效果。从报纸上寻找信息，比去各地调查，要节省很多的时间和金钱，而且订报纸所花的钱并不多，得到的消息也很及时，是一种很好的寻找市场信息的方式。

（4）经常注意政府有关部门发布的消息

农民朋友要充分利用当地的政府部门提供的消息，尽力开发和占领周边的市场。但要注意，在全国各地负责向农民朋友发布市场消息的政府有关部门可能不同，一般来说，国际市场也需要政府有关部门提供信息。政府部门的国际农产品市场消息，除了农业部发布的消息外，从中国驻外大使馆发回来的消息，经由商务部对外公布的信息，是很值得我们注意的。这样一些消息，往往可以从报纸上、从一些专门的刊物上就可以查看到的。农民朋友中采取“公司＋基地＋农户”的高级经纪人模式，有必要充分利用政府部门发布的国际信息，更进一步的扩大市场规模，或者寻找到新的市场机会。

（5）通过互联网寻找

这种方式特点在于：一是无论得到的是国际还是国内信息，都是最新的，快捷且方便；二是可以通过网络直接进行交流咨询，“面对面”的方式更及时、更准确。

(6)积极参加专业合作社

单家独户组织生产闯市场,毕竟势单力薄,难以把握变化莫测的农产品市场。要准确掌握市场信息,因此,最好的办法还是要大家组织起来,建立自己的专业合作社,通过专业合作社来收集、分析、利用市场信息。同时,有条件时可积极参加农产品展销会、农产品信息发布会等与农产品生产和销售相关的会议。参加这些会议不但开阔了眼界、提高了思想和认识水平,还可以宣传自己,找到市场商机,更重要的是认识了更多同行和朋友,建立了更加广泛的生意圈子和关系网络。

如何做好市场信息的搜集,有人总结了八大招数:

第一招:常"泡一泡"网吧;第二招:常"逛一逛"市场;第三招:常"跑一跑"厂商;第四招:常"约一约"朋友;第五招:常"翻一翻"报刊;第六招:常"看一看"广告(电视);第七招:常"听一听"广播;常八招:常"请一请"专家。

3. 怎么利用市场信息

(1)对收集的信息进行分析

信息分析包括对信息的鉴别、筛选、汇总、分析、推理等工作,从各类信息中掌握市场变化的动向。主要有以下内容。

①对信息进行鉴别。就是对收集的信息进行去伪存真。一般可将不同渠道获得的同一时期的信息进行对照比较,或者将同一渠道获得的不同时期的信息加以对照比较,通过比较,判明信息的真伪。例如,某农户从他人那里得知某种农产品在批发市场上价格上涨,但又同时通过电话联系,知道了价格已经回落,就可以判断所听传言并不准确,避免盲目经营。

②对信息进行筛选。就是对收集的信息要去粗取精,剔除信息中那些不需要的、多余的内容,抓住实质内容。例如,某农户通过收听广播,得知某大城市自选市场的报导,联想起自己经营的特产——芋头,立即与自选市场挂钩,将产品全部销售了

出去。

③对信息进行汇总。从一两条信息中往往只能看到市场交易活动的一个侧面,并不能了解全貌,只有对多种信息进行综合分析,才能掌握市场动态。例如,某饲养肉鸡专业户从广播中得知大豆出口量增加的信息,又从市场调查中了解到肉鸡价格趋升,综合这些信息判断饲料价格可能会上升,立即购买了一批较便宜的肉鸡饲料贮存起来。当饲料价格上涨时,便获得了降低饲养成本的好处。

④对信息进行分析。就是要去除信息的表面现象,找到对我们真正有用的实质内容,像剥笋一样,一层一层,由浅入深,逐层深入分析。这样就能从原始信息中得到真正有利用价值的信息。例如,某农户从新闻报道中得知北方数省迅速发展蔬菜大棚的信息,联想到蔬菜大棚增多后,向北方运销鲜菜的成本高,难以与当地大棚鲜菜竞争,但北方蔬菜大棚增多后,肯定对细菜种籽的需求量增加,故而改为经营细菜良种,果然取得了较好的效益。

⑤对信息进行推理。就是经营者运用自己的知识和经验,对收集的市场信息本来的含义上,触类旁通,举一反三,由此及彼,从中寻找重要的市场机会。例如,河北省香河县的一个养牛专业户,从一次偶然的机会中得知省外贸部门组织出口活牛,他立即抓住这一机会,数次到省、部有关部门介绍自己养牛的情况,邀请领导参观自己创办的牛场,争取出口许可,并以优质低价竞争,终于成为河北省出口活牛第一大户,被称为“养牛大王”。

(2)对市场信息的利用

陕西大荔县农民韩映南的经验值得大家借鉴,他总结了8点。

①不赶时髦、不随大流。要善于钻空子。例如,在特禽养殖红极一时的时候,应大力发展特禽饲料获取经济效益。

②快不赶、慢不懒。当某种种植和养殖信息轰动一时时，切莫赶浪头，而要待机发展。但是，一旦得到确有价值的信息，千万不可懒惰，以免失之交臂，坐失良机。

③认可准确信息。对报刊、电视台、电台等媒体发布的信息，要认真分析，辨别真伪，筛选出准确程度较高的信息。

④对不同来源的信息，要取其权威意见。如今，有关致富的广告铺天盖地，令人眼花缭乱，真伪难辨。信函广告、墙纸广告、非法出版物发布的广告，可靠性很低，不可轻信；而权威部门和行业主管部门发布的信息是可信赖的。

⑤选择信息要从实际出发。以药材种植为例，甲地能种的乙地未必能种，乙地可以创造的种植效益，在丙地就不一定能达到。因此必须进行可行性分析和论证，通过实地考察和研究之后，才能付诸实施。

⑥逆向思维辨真伪。商家发布的信息，均带有诱导性。例如“包回收、包盈利、实行公证”等，表面上看诚实可靠，但反过来考虑，如此投资少、见效快的项目，商家为什么不自己搞呢？

⑦某行业的信息要系统收集。收集与某方面相关的信息，做到鉴别对比，去伪存真。

⑧热门信息要冷处理。获得某些热门信息后，切不可头脑发热，更不要见风就是雨，急于求成。而应认真分析，权衡利弊，三思而后行。

4. 如何预测市场变化

对市场信息的利用，对我们来说，最重要的是利用信息来预测市场的变化，这一点也是最困难的。

一是要认真研判国际国内宏观形势。近年来。国家对农业特别重视，每年都出台了有关农业的“一号文件”，从“一号文件”中可以了解大量的政策信息，也可以从中分析出国家未来农业发展的走势，此外我们还可以从电视、报纸、广播、互联网等媒体上看到政府有关农业的很多政策、经济、社会各方面宏观消息，这些信息有助于我们把握大势，了解我们所从事行业的未来趋势。

二是要认真分析判断行业环境变化。如养鸡专业户遇上禽流感，就是一个突发事件，对养禽类的人来说，可以说是致命打击，但我们在经历不幸的同时，也要想到禽流感总是会过去的，以后的禽类市场会怎么样？这才是更重要的。

三是要充分利用行业市场分析报告。这些报告一般都是由专家或从事相关行业多年的资深人士撰写的，对我们的远期预测有很大的作用，可以指导我们及早着手准备，特别是对水果、粮油等季节性强的农产品来说，做到预先准备是非常重要的。

四是要充分利用每日的价格快报。在农业部"中国农业信息网"上，每天都发布有全国各地农产品批发市场的价格信息，我们可以从连续一段时间的价格上，分析出这些产品的价格走势，以便指导我们采取及时措施适应市场的变化。很多地方农业部门也建设有本地农产品价格信息平台，提供大量本地农产品市场信息，这些信息，对于我们进行市场预测很有帮助。

五是要借助一些现代分析的手段。对市场的影响是多因素的，仅仅依靠过去的经验是远远不够的，有时经验会带来负面的影响，所以，对于市场的预测要多借助于现代化的工具。例如，用现代统计方法画出价格变动趋势图，用以观察某种商品的价格长期变动趋势，可以增强对市场的预见性。

（二）农户经营管理知识

1. 经营和管理是两个不同概念

经营，是指为了实现致富目标所进行的一切市场活动，简单地讲，就是生产活动以外的供销活动，经营活动等同于营销活动。经营是对外的，是与市场的打拼，追求的是效益，讲的是开源和赚钱。

管理，是指为保证经营活动顺利进行所采取的各种手段、方法，通常包括决策、计划、核算和控制等。管理是对内的，是对经济活动的安排、实施、调整和把关，追求的是效率，讲的是节流和控制成本。

2. 经营和管理是不可分离的

经营与管理是密不可分的。两者就好比“钱耙子”和“钱匣子”的关系，缺一不可、相互依赖。必须首先搞好经营，广开门路，研究市场和消费者，在此基础上管理必须跟上，科学合理地进行计划、决策，有效地安排和使用资金、精打细算。只有管理跟上并到位了，经营活动才可能有更大的目标和后劲。因此，忽视管理的经营是不能长久的，挣回来多少钱，就会浪费掉多少钱，同样，忽视经营的管理，就好比“无源之水”，长此以往，会守不住自己的“一亩三分地”。

3. 农户家庭经营管理的含义

通俗地讲，农户家庭经营管理是指农户为了实现家庭致富的目标所从事的经济活动，以及对这些活动所采取的一系列手段和方法。主要包括：决策、计划、组织、控制等几个方面，农户家庭的经营管理就是要采用这些方法，去达到自己从事生产经营活动的目的。

（三）农户家庭经营的决策

万事开头难，难就难在如何才能最有成效地实现我们的既定目标。

1. 什么是经营决策

决策是为了达到一定的目标，从两个或多个可行方案中选择一个合理方案的分析和判断过程。每个农户都是以提高家庭经济效益，实现家庭富裕为目标，那就必须首先要围绕这个既定目标进行精心策划。决定做什么和如何去做的过程，就叫做农户家庭经营决策。农户家庭经营能否获得满意的经济利益，主要取决于决策的能力，尤其是在市场化程度越来越高的环境下，单纯依靠经验作出判断和选择是十分危险的，科学决策就显得更加重要，所以说，决策是农户家庭经营成败的关键环节。

2. 如何进行经营决策

可以按以下步骤和方法进行。

第一步，决策准备。决策是一个运筹帷幄的过程，就像军队打仗一样，首先要摸清敌情，要知己知彼，不能有任何的随意和盲目性。决策的准备工作主要是详细掌握影响经营活动各种因素。通常情况下，影响农户经营的因素包括：市场需求和供应：要准确了解周边市场对农副产品的需求量、种类和价格等信息，取得市场定位的第一手资料，初步决定自己的生产经营项目，同时，根据当前市场上所需要生产资料（如种子、肥料等）的供应状况，对该生产经营项目的可行性进行判断。经营所需资金：包括现有的和可能从各种渠道筹措的资金数量。劳动力数量和相关技术：包括可以参加生产经营活动的劳动力数量，以及对从事该生产经营项目的技术掌握、运用能力。经营管理能力：是指安排、组织上述因素和条件实现经营目标的能力。这是影响经营决策的关键因素。因为既使你所生产的产品市场看好、技术熟练、资金充足，但如果你不善于把这些优势通过科学的安排组织、降低成本、找到好的销售渠道和方式，也不可能取得良好的经济效益。上述影响因素在管理学中我们统称为“决策要素”。

第二步，确定目标。经营目标有长期和短期目标、年度和季节目标、综合和个别目标之分。比如某农户承包鱼塘 3 年，可将年纯收入作为总体经营目标，再将放养和销售季节作为近期目标。如果在综合考虑该鱼塘的历史收益、当前市场需求、价格和饲养成本等因素后，确定该鱼塘年纯收益为5万元的目标。

第三步，确定方案。有了经营目标，接下来就要设计实现目标的各种方案。例如，围绕年纯收益5万元的目标，我们可能有很多选择：饲养什么鱼类品种、是否混合饲养、采用何种鱼饲料、是否雇佣帮工或技术员、是否考虑配备增氧及其他设备等，要根据这些因素确定出实现目标的几个可选择的方案。

第四步，选择方案。就是在确定出的多个方案中，选择出最优的方案。这是经营决策中最关键的一步。在此，我们所选择的方案既要达到经营目标，又要符合自己的经济、技术条件和经营能力，必须需要采用科学的方法进行计算、分析和筛选，这就涉及决策的方法运用了。

具体决策的方法有很多，但比较适合我们采用的除专家意见法外，确定型决策的量本利法、风险型决策的决策树法、非确定型决策的乐观法、悲观法、后悔值法等，在有条件的农户家庭中都可以值得推广运用。

（四）农户家庭经营的计划

1. 什么是经营计划

凡事预则立，不预则废，历经几千年风风雨雨，我们的祖先总结出了这样一个道理。

这里说的“预”，从经营管理的角度说就是“计划”，是指在一定时期内确定和组织全部生产经营活动的综合规划、具体安排。它要求根据市场需求和农户内外环境和条件变化，合理地利用人力、物力和财力资源，组织筹谋全部经营活动，以达到预期的目标和提高经济效益。计划工作是经营管理职能中最基本的职能，也是管理过程的起点，是一切管理活动的前提。没有计划就谈不上管理控制，有效的计划可以为我们指明发展的目标和方向，是合理配置资源、减少浪费、提高效益的手段，也是降低风险、掌握主动的手段。

计划的内容可以概括为以下 6 个方面。

做什么？

为什么做？

何时做？

何地做？

谁去做？

怎么做？

2. 制定生产经营计划要注意什么问题

制定生产经营计划是一项科学和细致的工作，具有较强的专业性，必须有理有据，不需要太多的想象，想象往往也是靠不住的。为此，在制定每一个计划前，都要掌握相关的信息，这些信息必须是真实的、可靠的，不要涉及太多的想象和假设，最好的办法是关注自己已知的、比较真实的信息，这些真实的信息才是最可靠和关键的，对经营者才是有帮助的。

3. 制定生产经营计划的程序

制定生产经营计划的一般程序应该包括：

调查预测，估量机会；

统筹安排，确定目标；

拟订方案，比较选优；

确定预算，综合平衡。

4. 制定生产经营计划的方法

在管理学中很多成熟的方法，但比较起来，平衡表法比较直观简单，较为适合农户经营计划的编制。常用的平衡表包括：农产品平衡表、土地平衡表、生产资料平衡表、资金平衡表等等；从编制的繁简程度看，平衡表又分为概算（或叫粗算）平衡表（表 2）和细算平衡表（表 3）两种。

表 2　项目物质平衡表(概算)

物质项目	种子	化肥	柴油	……
一、需求量				
其中:①……				
②……				
③……				
二、供应量				
①……				
②……				
③……				
三、余(+)缺(-)				

表 3　项目物质平衡表(细算)

项目＼时间	一月			二月			三月			……		
	上旬	中旬	下旬	上旬	中旬	下旬	上旬	中旬	下旬	上旬	中旬	下旬
一、需求量												
其中:												
①……												
②……												
③……												
二、供应量												
①……												
②……												
③……												
三、余(+) 缺(-)												

一般来讲，概算平衡表用于制定年度计划，细算平衡表用于制定阶段计划。每种平衡表都有“需求量”、“供应量”和“余缺”3 个基本项目，目的就是必须使这三者之间形成相互平衡的关系，如果不平衡就说明存在要解决的问题或矛盾：当“需”大于“供”就会完不成目标任务；而当“供”大于“需”又会造成资源浪费。因此，就要求既要解决“不足”，又要安排“剩余”，忽视任何一方面的问题都不利于有效经营。

（五）农户家庭经营的管理

管理既是成功的要素，也是失败的根源。过去各地都涌现出了一批批“种粮大户”、“养猪大户”乃至“农民企业家”，但真正能够长盛不衰的却不太多，究其原因是多方面的，但管理没跟上应该是共同存在的问题。

1. 什么是家庭经营的管理

家庭经营的管理，就是为了实现家庭经营的决策目标，组织指挥家庭成员进行有序的生产活动，并对家庭内部及家庭与社会环境进行有效地协调，确保家庭经营活动的顺利进行。

农户家庭不论大小、贫富都是一个从事经济活动的组织。哪里有经济活动，哪里就有管理活动。尤其是当前农户家庭经营在市场经济的复杂背景下，家庭经营的管理显得特别重要，有没有管理，管理得好不好，会直接影响到经营成果，也成为拉开农户之间贫富差距的主要因素。

2. 家庭经营的管理主要做些什么

按照经营管理的基本原理，结合中国当前农村家庭经营的要求，农户家庭经营的管理主要应完成以下 4 项工作（即职能）。

一是组织指挥。要求由家庭经营的管理者，组织家庭成员以及帮工或雇工等人员，严格按照决策要求和计划，合理分工、各司其职，从事预定的生产和经营活动。目的是为避免“多头指挥”。

二是控制监督。主要是对决策、计划的实施过程、参与生产经营的每个人、各个阶段和环节的完成进度、质量、效益等进行及时掌握和纠正。目的是为避免生产经营活动偏离既定目标。

三是协调疏导。主要是通过对家庭内外部关系或矛盾的处理、协调和疏导，确保内部和谐、士气高昂，同时与家庭外部有关方面建立良好的关系，并经营好沟通渠道。目的是不断增强家庭经营的活力。

四是开拓创新。主要是使家庭经营要不断适应社会经济和市场的变化，并能在瞬息万变的市场经济中不断寻求到新的发展机会，敢于接受新鲜事物，不断学习新知识、新技术。目的是不要有墨守成规的落后意识。

（六）农户家庭经营的理财

“吃不穷穿不穷，算计不周一辈子穷”。很多人认为，比力气，自己有的是；论头脑，自己也不笨。汗不怕流、苦不怕吃，但到头来为啥还是四壁空空，一贫如洗？原因可能多种多样，但最关键的就是不会盘算或者只算“肚皮账”，眉毛胡子一把抓，只有一本糊涂账。不会打理，钱也能变成废纸，《增广贤文》那句“富从升合起，贫因不算来”说的就是这个道理。

1. 什么是理财

理财就是管理自己的财富，并提高财富的效能的经济活动。通俗来说，理财就是赚钱、省钱、花钱之道，也就是打理钱财。所以，理财是对今后的一种规划，是对未来生产生活、子女教育、养老等方面的财富安排、增值计划。理财的关键就是开源节流，通过生产经营项目来开源，通过生活和家产规划来节流。

常言道：你不理财，财不理你。虽然农民现在还不是很富裕，但是随着家庭收入的不断增加，手里的闲钱也逐渐多了起来,使得家庭理财需求也变得越来越强烈,农户家庭的理财就和家庭经营管理活动紧密结合在一起。

2. 农户家庭的理财方法

农户家庭的理财与城市工薪家庭有许多不同之处,后者往往有固定的收入来源,并能获得较多理财产品的服务。而就农户家庭来讲,要做好家庭预算,你得把自己的全部财富分成3份:第一份用来确保满足现有生产经营项目对资金投入的需要,第二份用以保证家庭物质文化生活的需要,剩余的第三份才是我们手里的闲钱,如何用好用活这三份钱,是农户家庭理财的主要内容。

(1)搞好家庭经济核算

这是农户家庭理财的基础。用兵之道,要做到“知己知彼”,如果我们连自己的“家底”都不清楚,那就犯了兵家大忌了。

农户家庭经济核算,简单地讲就是要在记好家庭经济账的基础上,做好一定时期内收、支的计算、比较和分析。据此才能查明盈利和亏损的原因,从中找到降低支出、增加收益的方法,帮助我们正确决策,及时发现并修正在决策、计划中出现的误差,找到弥补的办法和措施。

如何搞好农户家庭经济核算呢?提出以下建议。

创造条件坚持搞好家庭经济账。可在当地有关专业人员(如村会计)的指导下自行记好家庭账,或联合几户共同聘请会计记账。

要根据需要购买必要的账、表,杜绝“肚皮账”。

账目登记要做到“桥归桥、路归路”。也就是将生产经营的收支与生活消费的收支,要严格分开来记录,不能混淆不清。

登记账目要及时并按时间顺序逐笔记录清晰,不能记“堆堆账”。

(2)确立正确的理财准则

在大多数老百姓眼里,“投资理财 = 储蓄”,但在物价涨得比利率快的情况下,把闲钱存在银行,实际价值却在缩水。所以说,长时间存放大量的闲钱会造成家庭财务的“通货膨胀”。因此,科学理财必须遵循以下 4 条准则。

一是你的理财的目的是什么?家庭理财的根本目的就是家庭财产保值、增值,使家庭经常处于“收入大于支出”的状态,不会因为“无钱”而导致家庭财务危机,影响家庭生活。

二是你的风险承受力有多大?切勿追收益忘风险。比如民间借贷不能只看到它的高额收益,更要考虑其风险。

三是你能够理性消费吗?消费要量力而行,不要盲目和攀比,尤其是建房、购物和五花八门的人情消费,应该有自己的底线,所有的支出都要“量入为出”。

四是你给自己留好退路了吗?要注意确保自己及家人医疗养老保障等没有后顾之忧,要有专门的储备,轻易不要动用。

(3)精心打理自己的家产

如何才能打理好自己那份家产呢?

第一,要养成良好的理财习惯。要领是切勿把“小钱”不当钱,要有“小流也能汇成川”的理财观念。

第二,要有合理的理财目标。要常常先问问自己:想达到什么样的理财效果?是保值呢?还是减少开支?是要扩大经营规模呢?还是要建房、子女教育、养老?理财目标不同,可选的方法也不同,如果是用以养老或子女教育,那么最好选择风险较小的理财方式。

第三,要掌握合理的理财方法。低收入家庭承受风险能力较差,理财要求绝对要稳健,储蓄是首选;中高收入家庭除确保家庭经营的近期和长远发展外,可在有关专家或有经验的亲朋好友指导下,适当拓宽理财渠道,以分散理财风险,增大理财效果,譬如,可以适当涉足包括储蓄、债券、银行理财产品、基金或股票在内的投资组合。

第四，要有健康的理财心态。这是农户家庭理财最关键之处，绝不能存有赌博的心理。其实对绝大多数农户来讲，家庭理财更多的是合理规划目前的收支，多为将来积累一些资金。

六、树立创新意识，实现科学创业

什么是创新？怎样创新？什么是创业？怎样创业？创新与创业有什么关系？这些都是创业者必须了解的问题。作为新型农民都应接受创业教育，培养创业意识，激发创业欲望，提高创业能力。

创新与创业是新型农民的历史使命。创新精神可以理解为个体从事创新活动所需的基本心理状态。创业，是提高社会发展科学化水平的需要，是提高社会就业率的需要，是走向生活的需要。创新与创业的有机结合是我们立人、立家、立业的首要任务。再没有什么比“创业”更能让我们感受到撞击心扉的激情和鼓荡胸怀的壮美了。正是由于前仆后继的创业者们，创造了大量的社会财富，才造就了中国经济的腾飞，推动着中国的各项改革事业向更深层次可持续发展。

（一）如何理解创新与创业

创新是一个经济学概念。狭义的创新是一个从新思想的产生到产品设计、试制、生产、营销和市场化的一系列行动。广义的创新表现为不同参与者和机构（包括企业、政府、学校、科研机构等）之间交互作用的网络。在这个网络中，任何一个节点都可能成为创新行为实现的特定空间。创新行为因而可以表现在技术、体制或知识等不同侧面。简而言之，创新就是指一个独立的个体，能够善于发现和认识有意义的新知识、新思想、新事物、新方法，掌握其中蕴含的基本规律，并具备相应的能力，为将来成为创新型人才奠定全面的素质基础。

创业是指创立基业或创办事业，也就是自主地开拓和创造业绩与成就。创业也有广义和狭义之分，广义的创业是指创业者的各项创业实践活动，其功能是各项国家、集体和群体的大业。狭义的创业是指创业者的生产经营活动，主要是开办企业、开创个体和家庭的小实业体。

（二）创新与创业的关系

创业是基础，是创新的载体和表现形式，创新的成效只有通过创业实践来检验；创新是一种理念，创业着重的是对人的价值具体的体现；二者密不可分。仅仅具备创新精神是不够的，它只是为创业成功提供了可能性和必要条件，如果脱离创业实践，缺乏一定的创业能力，创新精神也就成了无源之水，无本之木。创新精神所具有的意义，只有通过创业实践活动才能有实现，才有可能最终产生创业的成功。创业与创新二者目标同向、内容同质、功能同效、殊途同归。围绕创业实践，通过多种途径，创业与创新要有机融入。创业者要具备创新精神和不断提升创新能力。

（三）如何树立创新意识

在十六大的主题报告中，江泽民同志曾对创新的重大意义进行过阐述，他指出："创新是一个民族进步的灵魂，是一个国家兴旺发达的不竭动力，也是一个政党永葆生机的源泉。"所以，创新不是说创就创，不是空想和蛮干，而是要体现时代性，富于创造性，要在把握事物的发展规律性的基础上，赋予新创造，促进生产力的发展，这样的创新才具有实际意义。据报道，在河南某地一只西瓜的售价竟高达 80 美元，当然，这西瓜不是一般的西瓜，而是一位农民精心培植出来的"方形西瓜"。他在西瓜坐果时，便给小瓜套上方形的玻璃瓶，到西瓜即将成熟不再长大时，便轻轻敲碎玻璃瓶，这样就成了“方形西瓜”。这位农民精心培植的“方形西瓜”成了市场一景，自然卖价不菲。这就是创新的价值所在。

1. 对所学习或研究的事物要有好奇心

牛顿少年时期就有很强的好奇心，他常常在夜晚仰望天上的星星和月亮。星星和月亮为什么挂在天上？星星和月亮都在天空运转着，它们为什么不相撞呢？这些疑问激发着他的探索欲望。后来，经过专心研究，终于发现了万有引力定律。能提出问题，说明在思考问题。在学习过程中，自己如果提不出问题，那才是最大的问题。好奇心是包含着强烈的求知欲和追根究底的探索精神，谁想在茫茫学海获取成功，就必须有强烈的好奇心。正像爱因斯坦说的那样：“我没有特别的天赋，只有强烈的好奇心。”

2. 对所学习或研究的事物要敢于持怀疑态度

不要认为被人验证过的都是真理。许多科学家对旧知识的扬弃，对谬误的否定，无不自怀疑开始的。伽利略从始于对亚里士多德“物体依本身的轻重而下落有快有慢”的结论的怀疑中，发现了自由落体规律。怀疑是发自内在的创造潜能，它激发人们去钻研，去探索。对于课本我们不要总认为是专家教授们写的，不可能有误。专家教授们专业知识渊博精深，我们是应该认真地学习。但是，事物在不断地变化，有些知识现在适用，将来不一定适用。再说，现在的知识不一定没有缺陷和疏漏。老师也不是万能的，任何老师所传授的专业知识不能说全部都是绝对准确的。对待我们所学习或研究的事物，我们应做到：不要迷信任何权威，应大胆地怀疑。这是我们创新的出发点。

3. 对所学习或研究的事物要有追求创新的欲望

如果没有强烈的追求创新欲望，那么无论怎样谦虚和好学，最终都是模仿或抄袭，只能在前人划定的圈子里周旋。要创新，我们就要坚持不懈的努力，勇敢面对困难，要有克服困难的决心，不要怕失败，相信这句名言：失败乃成功之母。

4. 对所学习或研究的事物要有求异的观念

不要"人云亦云"。创新不是简单的模仿。要有创新精神和创新成果，就必须要有求异的观念。求异实质上就是换个角度思考，从多个角度思考。并把结果进行比较。求异者往往要比常人看问题更深刻，更全面。

5. 对所学习或研究的事物要有冒险精神

创造实质上是一种冒险，因为否定人们习惯了的旧思想可能会招致公众的反对。冒险不是那些危及生命和肢体安全的冒险，而是一种合理性冒险。大多数人都不会成为伟人，但我们至少要最大限度地挖掘自己的创造潜能。

6. 对所学习或研究的事物要做到永不自满

一个有很多创造性思想的人如果就此停止，害怕去想另一种可能比这种思想更好的思想，或已习惯了一种成功的思想而不能产生新思想，结果这个人就会变得自满，停止了创造。

（四）如何进行科学创业

创业是就业之源，就业是民生之本。改革开放以来，中国先后经历了三次大的创业浪潮：第一次是以城市边缘人群和农民创办乡镇企业为特征的"草根创业"；第二次是以体制内的科研精英和党政精英下海创业为特征的"精英创业"；第三次是加入WTO以后的伴随新经济的发展以大量留学人员回国创业为特征的"海归创业"。当前，神州大地正经历以返乡农民工和大学毕业生为主体的第四波创业浪潮。一个不争的事实是，中国的创业环境虽在逐渐改善，但整体创业成功率和巩固率并不高。

1. 正确认识科学创业

一般说来，创业是指创业者在特定的创业环境下，积极发挥创业才能,充分利用创业资源,追求创业效益的行为和过程。创业作为一种积极的就业方式,可以最大限度地调动创业者的主动性、积极性和创造性。与此同时,创业还具有发展创业型经济,扩大劳动力就业,促进社会和谐,刺激科技创新和繁荣创业文化等综合效应。可见,全民创业是国家的发展之基、富民之本、活力之源。我们必须加速推进全民创业战略,不断优化创业环境,切实健全创业政策,积极营造全民创业兴业的良好氛围。要降低创业成本、攻克创业难题,提高创业效益,努力实现科学创业、文明创业、高效创业、和谐创业、可持续创业。

2. 创业的几个步骤

(1)创业条件

具有劳动能力,具有一定文化知识,思想素质好,诚实守信,有经营头脑,创业意识强,掌握有一定职业技能特长。

(2)创业培训

创业前需要掌握国家对农民创业的优惠政策、产业扶持政策,以及农业产业化经营、农产品品牌创建、循环经济和农产品质量安全等知识。通过培训确立创业目标和发展方向。

(3)创业设计

根据自己的实际和所具有的知识、技术等条件,进行市场调研,主要了解所要创办产业的状况、市场行情和发展前景等,并在创业培训专家的指导下,制定创业项目实施计划。

(4)创业实践学习

在完成了培训、市场考察和创业设计的基础上,一般需要到大中型企业、养殖场、现代农业科技示范农场、合作经济组织等类型的创业实践基地,经过一段时间的工作实践,熟悉了解企业运作过程,进一步完善自己的创业计划。

(5)创业发展

经过创业知识和技能培训后,即可进入自己的创业发展阶段，在此期间创业者要积极争取当地政府及有关部门的政策支持和技术服务，为自己成功创业营造一个良好的环境。

3. 选择创业项目必须遵循的几个原则

（1）选项好比搞对象

创业的感觉可以同初恋相比，选择项目的重要可以同搞对象相比。任何项目的本身，有一个怀胎、孕育、出生、发育的过程，这是一个自然的过程，创业者对一个具体项目，有一个认识、理解、通透、把握的过程，这是一个历史过程。由此决定了创业的过程是人与项目长期相互融和的过程，也决定了选择项目必须立足长远。

（2）选项首先要选自己

选择项目需要记住四个字："知己知彼"。知己，就是清醒地审视自己：优势、强项、兴趣、知识积累与结构，性格与心理特征等。知彼，是对社会未来发展趋势的认识，稳定的、恒久的、潜在的需要。

（3）选项要花工夫

有一个人，当过一周时间的世界首富，他就是软银公司的孙正义。他大学毕业后从美国回到日本，选出了50个创业目标，用一年时间逐个进行考察，写出了几尺厚的资料，最后选择了做软件。既然选择目标事关人生，就不可随随便便，必须要经过一个充分的论证过程。在这个过程中，要舍得花时间、花力气，要能够静下心来，认真调查研究，寻找事实根据。

（4）选项要有特色

选择的项目一定要有"根"。就是项目生命的根子、生存的权利、活下去的条件。可以表示成四句话：别人没有的；先人发现的；与人不同的；强人之处的。"别人没有的"，可以是某种资源与某种特定需要的联系，可以是某种公认资源的新商业价值。一个走亲戚的人发现附近的山上有白色的土，可以制作陶器，他进一步了解到附近有铁路。于是他买下这块下面有陶土的地，把土晾干磨成粉——卖起陶土来了。再比如,“强人之处的”。一个项目中不论哪个方面,哪怕是一点,高人一等、优人一档就是根。比方说成本,谁能想到“世界 500 强”排名第一的是一家叫沃尔玛的零售企业。它能够把管理费用控制在销售额的 2%。据说,他们总部的办公室像卡车终点站的司机休息室,可见他们为降低成本而努力的背后是一种什么样的精神。

4. 选择创业项目的方法

(1)排除一大片

知道什么事情是不可以做的。比如说:有个地方有 100 户人家,每家有 1 元钱。你有很大本事,把所有人家的所有的钱都赚来了——100 元;另外有个地方有 100 户人家,每家有 1 万元。你本事不大,只能把每户人家的 1/10 的钱赚来——10 000 元。

(2)划出一个圈

知道哪些事情是能长期做的,把社会恒久需要的、已初露端倪的大趋势划进来。例如,由环境保护引发治理江河,导致关闭中小造纸厂,产生纸制品的供求不平衡,腾出了一块市场。如果用再生纸做资源去添补,会怎么样呢?

(3)列出一个序

把可能做的事情排列起来。回头看看过去的 20 年中,做强、做长的企业是生存在哪些行业,很大程度上能够证实行业与发展的联系。比如房地产、医药、保健品、证券、建材、装修、交通、教育、通信等。那么,就把大的范围圈定在这里,选出若干项。

(4)切入一个点

成就事业的公认法则是集中和持续在已经缩小的范围内,可做的事仍然很多。这时,比较优势的道理是有用的——认真地审视自己的强项、优势、兴趣何在,可能同时有几个,与他人比较哪个优势是最有利的。这时,机会成本的概念也是有用的——同样多的时间,同样的付出,哪个能力所对应的事业会有更大的前景收益，比较中优势就会凸显出来，项目选择固然重要，还需要记住：再好的项目也要靠创造性的艰苦努力，结果由过程决定，过程由细节决定。

5. 科学评价创业项目

判断一个创业项目能否成功，最重要的标准是看这个项目是否具有自己的特点，即这个项目的“个性”。所谓有“个性”并非一个空泛的概念，它是由许多具体实在的内容组成的，包括下面几个细节。

（1）创新

项目必须要新颖，其市场还没有饱和，拥有可开拓的领域，有提升的空间。

（2）创意

有新意、有特点、有自己特有的“卖点”，敢为人所不愿。即使是再好的项目，具体实施也会碰到这样或者那样的问题，这时就需要创业者用冷静的头脑思考该如何应对。要相信自己的眼光，要敢于跨出第一步，而不要随大流。即使是微乎其微的一个小契机，都要敢于去抓。

（3）专业

好的项目具有一定的“专业知识”含量，才可以在众多的项目中脱颖而出；要有前瞻性，即使项目目前可能在市场上还不是很“吃香”，但好的项目一定可以在长久利益上胜出。

（五）新型农民如何创业

农业创业是指人们在农业行业领域内进行投资，从事农业生产、加工、运输、服务等活动的过程。主要包括：种植、养殖规模经营；进行设施农业生产；从事农业经纪活动；组建农民经济合作社；创办农业企业等。

1. 抢抓农业创业机遇

优惠的农业补贴政策；放心的农业保险政策；透明的农业专

项资金扶持政策；税收及其他方面优惠政策；宽松的农产品市场环境；逐步增长的消费需求；方便快捷的现代交易流程；法制化的农产品质量安全管理。

2. 认真选择农业创业项目

①选择农业创业项目应该遵循的原则：国家政策鼓励支持、发展前景良好、适应社会需求、适合个人兴趣、充分利用地方资源等几个方面。另外，也应注意量力而行，从干小事、求小利做起，切不可好高骛远。

②选择农业创业项目的方法：认真充分的市场调研、严格的对比筛选、科学准确的项目论证。

③农业创业项目中应优先选择的项目：设施农业创业项目；规模种养业创业项目；休闲观光农业创业项目；绿色农业创业项目；现代农产品加工创业项目；现代农业服务创业项目。

3. 科学制定创业计划书

创业计划书是全面介绍创办企业或项目的运作情况，阐述产品市场及竞争、风险等的未来发展前景和融资要求的书面材料。其作用表现在两个方面：一是创业者吸引资金的敲门砖和通行证；二是创业者的创业指南和行动大纲。

创业计划书的主要内容：计划摘要，企业（或产业）简介，产品或服务，人员及组织结构，市场预测，营销计划，生产规划，工作进度安排，风险预测，财务预算。

制定创业计划书应注意的问题：符合当地实际；量力而行；进行必要的投资分析；创业内容要有行业特色。

如何对创业计划进行论证：专家论证；多方咨询；风险评估。

4. 严格实施创业计划

实施创业计划前应做好 4 个方面的准备工作：资金筹备；人员组合；场地选择；经营准备。实施计划需要办理的手续：申请营业执照；进行税务登记；办理银行开户。

5. **有效规避农业创业风险**

用足优惠的农业政策资源;成立农业专业合作组织;寻求与知名企业的市场协作;走可持续发展道路;走多元化发展道路;走一体化发展道路。

(六)支持创业的政策措施

1. **产业和行业政策支持**

根据农业区位优势和产业特点,重点鼓励劳动者在灾后恢复重建、科技、商贸、资源利用、农副产品种养加工、社区服务、建筑服务、信息服务等领域或行业进行创业。

2. **人力与社会保障政策支持**

重点支持科技人员、大中专毕业生、返乡农民工、失地无业农民和重灾区有创业能力的劳动者创业。失业人员创办企业或从事个体经营的,可享受失业保险金。各地都建立了覆盖城乡的创业培训体系,加强对城乡劳动力的创业指导和职业技能培训,提高城乡劳动者的就业、创业能力。逐步将有创业愿望和培训需求的人员纳入创业培训范围。大力实施"创办你的企业(SYB)"培训项目,鼓励符合条件的职业培训机构向各类创业主体开展培训,并按规定给予创业培训补贴。

3. **金融信贷政策支持**

各级财政都相应安排资金建立了创业基金,主要用于创业培训、创业扶持、小额贷款担保、贷款贴息等融资支持。

4. **经营场地政策支持**

扶持发展各类创业园区,支持发展工业园区、文化产业园区、小企业孵化园等创业园区,或利用经批准的经济技术开发区、工业园区、高新技术园区等建设创业孵化基地。创业园区为进入的创业者提供创业指导服务、租金优惠等扶持,并根据创业组织吸纳就业情况，对其给予一定期限的房租补贴。

5. **工商税收政策支持**

凡符合国家鼓励的产业或行业，对创办企业者按规定落实税收减免政策。

（七）成功创业者的九大重要素质

1. **激情**

激情是创业的最大推动力。关于这一点，地产商冯仑有一段很精辟的论述，他说："地主的生活最愉快，企业家的生活最有成就感。地主地里能打多少粮食，预期很清楚，一旦预期清楚，激情就会被自然约束，也就用不着再努力，所以，会过得很愉快；企业家不同。企业家的预期和他的努力相互作用，预期越高努力越大，努力越大预期越高，这两个作用力交替起作用，逼着企业家往前冲。"一个真正的创业者一定要拥有狂热的激情。他们想拥有财富，想出人头地，想获得社会地位，想得到别人的尊重。你完全可以轰轰烈烈、堂堂正正地去追求自己的梦想。

2. **长远的眼光**

创业者既要对自己的事业有长远眼光，又要权衡眼前的利弊。创业商机发现在企业的初创阶段，如果生意局面好的话，务必要贯彻"先做强再做大"的理念，稳定、巩固、提高、发展，坚持将事业扩大下去，形成一定规模，不要看到丰厚的利益后，就贪图安逸，不思进取，要牢记"创业容易守业难"的古训。

3. **顺势而为**

创业是一个在夹缝里求生存的活动，尤其是处于社会转轨时期，各项制度、法律环境都不十分健全，创业者只有顺应社会，才能避免在人事关节上出问题。作为对照，很多原先很牛气的外资企业，认为本地人才这样不行，那样不行，只有外来和尚才能念好经，现在也都认识到了人才本地化的重要。人才为什么要本地化？因为本地的人才更熟悉本地的情况，能够按照“本地的规矩”做事，也就是说更能入乡随俗。创业者一定要明事，不但要明政事、商事，还要明世事、人事。

4. 灵敏的商业嗅觉

创业者的敏感，是对外界变化的敏感，尤其对商业机会的快速反应。商机对每个人都是均等的，它有时就在你身边，有商业头脑，对商机敏锐的人，会及时发现，并紧紧抓住它；而缺乏商业头脑、对商机迟钝的人，会视而不见，错过发财的机会。一位成功的企业家说：“商机就像飘在天上的白云，它在每个人的眼前飘过，只有敏锐的慧眼才注意它，才盯住它。以深刻而敏锐的眼力或洞察力去发现商机，才是企业家精神的本质。”敏锐的慧眼集中反映了经营者的商业智慧：一是对商机反应敏锐，在别人意识到它之前，你对它已经了解清楚；二是对商机看得深、看得远，不仅能及时发现明显的、现时的商机，而且能发现隐藏的、长远的商机；三是对发现的商机投资快，决策果断，能够走在别人的前头，占据市场先机。

对事物，不能仅仅看到它的表面价值，而要善于透过事物的表象，去挖掘它所蕴含的潜在商机。

5. 广博的人脉

成功创业来自于70%的人际关系，30%的知识。创业商机发现在创业的路上，许多创业的朋友，大多都是技术很好，知识很丰富，但就是路走起来很艰难。这是为什么？是因为他们的资源不够。他们忽略了创业中的一个可利用因素，那就是人际关系。一个创业者，三教九流的朋友都要交，谈得来、交得上，就好像十八般兵刃，不定什么时候就用上哪般。朋友犹如资本金，对创业者来说是多多益善。一个创业者如果不能交朋友，没有几个朋友，肯定只有死路一条。

6. **谋略**

靠谋略赚钱，它的主旋律是领先、不败、永恒。创业需要冲动，同时更需要的是谋略，要长远规划，尽早做准备，处处留心身边的机会和项目，有把握，才能抓住机会。对于创业者来说，谋略是不分等级的，它没有好坏、高明不高明的区别，只有好用不好用，适用不适用的问题。当年谢圣明带着一些志同道合的人，在农村的猪圈、厕所上大刷广告时，遭到了多少人的嘲笑。如今在猪圈上刷广告的谢圣明已经成了亿万富翁。我们将创业者的谋略归结为：不拘一格，出奇制胜。

7. **胆量**

创业是最需要强大心理承受能力的一项活动。创业者的胆量则更具体、更细致。因为“穷则思变”而产生了创业的胆量，因为不满足现状而产生了创业的胆量。在创业的过程中，要不断挣脱心灵的枷锁，不墨守成规。有句话“机会是给有准备的人的”，其实，机会是给有胆识的人而准备的。

8. **分享**

作为创业者，一定要懂得与他人分享。一个不懂得与他人分享的创业者，不可能将事业做大。保证创业伙伴在创业中能充分获得他所期望得到的利益。大家的利益目标最终实现了，其合作才能稳定持久。创业商机认为，刘邦能赢项羽的一个重要原因，就是他善于把利益拿出来与人分享，不独占，因而使内部、外部的独立力量都能为他所用。分享不是慷慨，对创业者来说，分享是智慧。

9. **反省**

作为一个创业者，遭遇挫折，碰上低潮都是常有的事。在这种时候，反省能力和自我反省精神能够很好地帮助你渡过难关。反省不理智之思、不和谐之音、不练达之举、不完美之事，往往能够得到真切、深入而细致的收获。歌德曾说:“知之尚需用之,思之犹应为之。”创业商机认为,创业者除了要善于反省,还要善于将反省的思考付诸实践,这样才有可能使过去的失误变成今后的成功,使过去的成功变为今后更大的成功,真正品尝到金秋的琼浆玉液,享受到大地赐予的丰收喜悦。

七、增强安全意识,保障安全生产

安全是伴随着人类的生活及生产活动而产生的。人类从远古时代就在解决生活及生产中的安全问题。在农业生产中,主要有农机具的正确使用、农药及肥料的正确施用等,同时,还要注意农村消防安全、了解避灾防灾常识,切实保护好生命安全。

(一)农机具的正确使用与维护保养

近年来,随着农村经济不断发展和国家大力实施农机购置补贴政策,农民购买经营农机具的积极性空前高涨,农机具的品种和数量越来越多。由于大部分农机具使用者缺乏正确使用常识和常规维护经验,加之平时保养不善,造成农机具零部件损坏多和人为使用故障多,不但在经济上给农机户造成不必要的损失,也耽误农时和农业生产,因此,农机具的正确使用与保养是一项十分重要的农机管理工作。

1. 农机具的正确使用

农机具除了要正确调整之外,还要做到合理使用,才能得到较高的生产效率和较好的作业质量。

(1)农机具操作人员在使用农机具前必须经过严格的技术培训

通过技术培训，使农机具操作人员达到“四懂”，即懂农机具的使用范围、懂农机具的工作原理、懂农机具性能结构、懂交通法律法规；“四会”，即会正确使用操作农机具、会合理安装调整农机具、会维护保养农机具、会排除农机具的故障；并熟悉农机具的使用说明书，做到正确安装、合理调整，以达到农机具的设计要求，使农机具经常处于良好的技术状态。

（2）农机具操作人员要严格执行持证上岗制度

在操作过程中，应该严格遵守操作规程，正确使用，合理操作，保证农机具经常处于良好的技术状态；严禁农机具超负荷作业，一般农机具操作人员为了追求经济效益，经常在超负荷情况下使用农机具，追求超载超速，这样势必缩短了农机具的使用寿命，甚至造成严重的机械事故和人身伤害事故，致使农机户造成非常大的经济损失。

（3）农机具的合理配置

近几年，各种大型联合农业机械的出现，使得我们必须考虑各种农机具之间的合理配置问题：首先要避免大马拉小车，同时也要避免小马拉大车；再有就是各种农机具之间的加工精度要统一，否则就不能达到作业质量要求；还有，大型联合农业机械的一些配套设备（设施）一定要齐全，否则也不能发挥其应有的作业质量和效率。

2. 农机具的维护

农机具在使用中的正确维护也是非常重要的，要求必须做到以下几点。

（1）保持清洁

由于大多数农机具的作业环境非常恶劣，经常在露天风吹、日晒、雨淋，尘土飞扬和地面高低不平的环境下进行作业。农机具与安装在车间里的机器不同，农机具所受到的腐蚀、磨损、振动等都比较大，加之使用与维护不当更容易发生故障，从而影响农机具的使用寿命，因此，每班作业后必须及时清理农机具，特别将要长期闲置时更应做好农机具的清理、保养和维护工作。

(2)保持良好的润滑

润滑有减缓磨损、减少摩擦损失、净化摩擦表面、防止零件表面氧化和腐蚀等作用。所以，必须做到按照农机具保养维护规则，对农机具按时加油、换油，特别是油质要符合不同农机具和不同部位的零部件要求，要定期清洗农机具的各润滑系统，确保润滑油路畅通。

(3)要做到“三勤”(手勤、眼勤、耳勤)

一般农机具在发生故障之前都会有异常现象，如能做到“三勤”，农机具的各种故障是会及时发现和排除的，从而减少不必要的损失。

手勤：农机具运转之前，可先用手摸一摸或试一试其某些部位，看是否有松动等不牢固现象，如有应及时排除。保持农机具的良好技术状态，使农机具在农业生产作业中充分发挥其效率，并获得最佳的经济效益。

眼勤：做到经常观察，查看农机具的各零部件是否处于正常的静止、运动状态，一旦发生异常，要立即查找故障原因，最终排除故障。

耳勤：经常听一听农机具运转的声音，如果听到非正常的响声，应立即停机，仔细检查发生不正常响声的原因，或发生不正常响声的零部件，进行合理维修，排除故障。

(4)正确保养农机具

除了平时注意农机具的技术状态外，在每班作业后或作业结束后，都应做好农机具的保养工作。具体做法：一是清除污垢、泥土和缠绕在工作部件上的杂草等；二是检查工作部件的状态和各部分安装调整的正确性；三是检查农机具各零部件有无丢失，检查并紧固所有螺帽；四是对需要的部位按要求添加润滑油(脂)；五是更换失效的易损零部件。

(5)正确保管农机具

由于农业生产季节性强，有些农机具，农忙时参加农业生产作业，农闲时就要停歇保管，有的农机具夏季水中泡，冬季雪里埋，春秋作业之余是风吹、雨淋、日晒，不能妥善保管，也无具体措施，乱拆乱卸，损失十分严重，使得整台农机具状态变坏，更甚者缺少零部件，不能进行正常作业。要避免上述现象发生，应采取以下措施：一是保管农机具的场所应经常保持清洁，无积水、无油污、无杂草等，在冬季应及时清除积雪；二是室内农机具库房要保持通风、透光，避免潮湿；三是农机具保管之前应进行彻底清洗，除掉泥土、杂草和油污，并向各润滑点加注润滑油(脂)；四是农机具容易腐蚀的部位和生锈后对工作有直接影响的部件，应涂抹防腐油(漆)；五是露天停放的农机具应用砖石垫起，使其不与地面接触；六是容易腐蚀变形的零部件，应拆下清洗，存放室内妥善保管。

(二)肥料、农药的识别和科学施用

1. 如何识别和正确施用化肥

在农业生产中，为了避免广大农民买到劣质假冒化肥及在使用化肥中使用不当，造成浪费、污染等情况，提出以下几点建议，仅供参考。

(1)识别化肥的简便方法

农民在购买化肥时，如果不能当面咨询当地的农业技术推广部门，可以使用以下简单方法来识别，概括为5个字："看、摸、嗅、烧、湿。"

看，一看包装，正规厂家生产的化肥外包装规范，注册商标，产品名称、净重、厂址，更重要的是标有养分含量、执行标准、许可证号和登记证号。假冒伪劣化肥包装不精、信息标识不清；二看粒度，氮肥和钾肥多为结晶体，磷肥多为块状或粉末状的非晶体；三看颜色，氮肥几乎全为白色，钾肥为白色或略带红色。

摸，将肥料放在手心用力握住或按压转动。利用这种方法辨别磷酸二铵较为有效，抓一把肥料用力握几次有“油湿”感的为正品，干燥的则很有可能是假冒。

嗅，通过肥料的特殊气味来判断。如碳酸氢铵有强烈的氨臭味；硫酸铵略有酸味；过磷酸钙有酸味。而假冒伪劣肥料气味不明显。

烧，将化肥样品加热或燃烧，碳酸氢铵经过燃烧可直接分解并产生大量白烟，有强烈的氨臭味，无残留物；尿素经燃烧能迅速融化，冒白烟；硝酸铵不燃烧但可融化并出现沸腾状，冒出有氨味的烟。

湿，将肥料颗粒撒于潮湿地面或用少量水湿后，根据其溶解情况来判断。如硝胺、二铵、硫酸钾、氯化钾等可以完全溶解或融化；过磷酸钙、硝酸铵钙等部分溶解；复合肥颗粒会发散，溶解或有少许残留物，而劣质肥料溶解性很差或根本不溶解。

（2）如何正确施用化学肥料

化学肥料具有营养成分含量高，单位面积用量少，便于运输，便于施用，增产效果好，肥效快，施入土壤后能迅速被吸收利用。但是，它的养分种类单一，养分浓度高，溶解度大，如直接接触种子或根系，容易造成烧种子、烧苗、施用方法不当容易发生肥害，施用时必须注意。

现介绍几种常用化学肥料施用方法。

①碳酸氢铵宜深施。由于碳酸氢铵很不稳定，最容易分解为氨气而挥发，且温度越高，挥发损失就越大，所以不宜在温室大棚内使用，也不能撒施于表土，应进行沟施或穴施。

②尿素施后不宜立即浇水。尿素施入土壤后，会很快转为酰铵，很易随水流失，因而施用后不宜马上浇水，也不要在大雨前施用。尿素可作为根外追肥施用，能有效地防止作物中、后期因植株缺氮出现早衰现象发生，但要注意避免发生肥害烧苗。

尿素还要忌作种肥。

③硫酸铵忌长期使用。硫酸铵属生理性酸性化肥,若在地里长期施用,会增加土壤酸性,破坏土壤团粒结构,使土壤板结而降低理化性能,不利于培肥地力。

④硝态氮化肥勿在稻田和菜地施用。硝酸铵、硝酸钠等硝态氮化肥施入稻田后易产生反硝化作用而损失氮素。硝态氮肥料施入菜地后,会使蔬菜硝酸盐含量成倍增加,并能在人体内还原成亚硝酸盐,对人体危害极大。

⑤含氯化肥忌施于盐碱地和忌氯作物上。氯化铵、氯化钾等含氯化肥施入土壤中分解后日积月累会导致土壤酸化,在盐碱地上使用,会加重盐害。对忌氯作物如薯类、西瓜、葡萄等施用含氯化肥,可使其产品淀粉和糖分下降,影响产品的产量和质量。

⑥磷肥不宜分散施用。由于磷肥的活动性小而难以被作物吸收。因而在施用磷肥时,应作基肥施用,并较集中施于播种沟或窝内,最好是与有机渣肥混合堆沤一段时间再施用。

⑦钾肥不宜在作物生长后期追施。由于农作物下部茎叶中的钾元素,能转移到顶部细嫩部分再利用。因而钾肥应提前在作物苗期或进入生殖生长初期追施,或一次性作为基肥施用。

2. 如何正确施用复混肥料

为了方便广大农民朋友正确选购、使用复合(混)肥料,主要从 3 个方面作一下简单的技术介绍。

(1)正确认识复合(混)肥料

复合(混)肥料是指氮、磷、钾三种大量元素养分中至少有两种养分指标量的由化学方法或掺混方法制成的肥料。

有机－无机复混肥料是指含有一定量有机质的复混肥料。

复合(混)肥料中养分含量通常按 $N - P_2O_5 - K_2O$(纯氮－有效五氧化二磷－氧化钾)顺序,用阿拉伯数字分别表示其在复合(混)肥料中所占百分比含量,按照农业部《肥料登记管理办法》要求,必须在肥料包装袋上标示其养分含量。

复合(混)肥料按养分含量大小分 3 个层次。一是低浓度复合(混)肥料,养总分≥25.0%;二是中浓度复合(混)肥料,养总分≥30.0%,而<40.0%;三是高浓度复合(混)肥料,养总分≥40.0%,目前总养分最高含量可达 51.0%。

(2)正确选购复合(混)肥料

一是尽量选购名优产品。小型复混肥生产企业产品质量一般含量都难以达标,减少了总养分含量,不能保证肥料使用效果.

二是仔细查看"警示语"。根据农作物生长特性、需求和禁忌科学选购,特别是忌氯作物应注意肥料品种选购。

三是仔细查看包装标示、标签内容是否齐全和规范。复合(混)肥料是特殊商品,其生产实行许可证制度。

四是查看产品检验报告或合格证明。

五是称量核对一下产品的净含量。

六是选购包装完好、颗粒均匀、没有潮湿结块的产品。

七是保存好购货凭证和肥料包装袋。

(3)正确使用复合(混)肥料

一是根据不同作物使用不同品种的复合(混)肥料。根据新国标 GB 15063 - 2009 规定,含氯肥料应标明"低氯"、"中氯"、"高氯"以及适应作物。因此,西瓜、葡萄、辣椒、烟草等农作物不适合使用含氯复混肥料。

二是根据不同土壤类型正确使用复合(混)肥料。中、低肥力土壤使用高浓度复混肥料效果较明显;高肥力土壤使用中、低浓度复混肥料较经济合算。另外,经济作物使用高浓度复混肥料可增产增收;水稻、油菜等农作物使用中、低浓度复混肥料效益比较高。使用农作物专用配方肥比一般通用型复混肥料效果好。

三是复混肥料一般不要撒施，做基肥使用比做追肥效果好，埋施或深施比其他施肥方式要好。

四是合理确定使用量。根据土壤肥力大小、作物需肥规律、目标产量等合理确定亩平施用复混肥料用量，施“经济肥”、“环保肥”，最大限度地发挥肥料使用效率。

3. 农药识别和正确使用

(1)购买农药八注意

一是看产品介绍。假冒伪劣农药往往字迹模糊不清、异样和错字，不科学地夸张药效，内容不完整等。

二是看注册商标。一是有“注册商标”字样，二是有“商标图案”，二者缺一不可。假冒农药常常没有商标或商标图案。

三是看两证一号。两证是指“农药登记证”、“生产许可证”或“准产证”。一号指“产品标准代号”。凡标签上两证一号齐全的农药你可以放心购买。

四是看有效期限和生产批号。“有效期”是该种农药从生产封装开始计算的有效期的最长年限。“生产批号”是该农药生产的年、月、日和当日的批次号。超过有效期限的农药不能购买。

五是看厂名、厂址。正规生产农药的企业厂名、厂址清楚，有的厂家还注有邮政编码、电话号码和电报挂号等。假冒伪劣农药不可能在标签上标注清楚。

六是看进口分装农药是否有两证和有效期。若有，可以放心购买。

七是看外观质量。主要是查看农药有无结块、分层、沉淀和泄漏。如果有此类现象中的一种，则为过期农药或不合格农药，最好不要买。

八是看经营单位是否正规。在购买农药时一定要查看经营商是否有营业执照和农药经营许可证。建议你到证件齐全的农技部门去购买农药，他们还可以指导你什么时候用药最合适，用什么药最有效。

(2)农药的正确使用

农药的品种繁多，加工剂型也多种多样，同时防治对象的危害部位、危害方式、环境条件等也不尽相同，因此，农药的使用方法也随之多种多样。

①喷雾。喷雾是借助于喷雾器械将药液均匀地喷布于防治对象及被保护的寄主植物上。是目前生产上应用最广泛的一种方法。适合于喷雾的剂型有乳油、可湿性粉剂、可溶性粉剂、胶悬剂等。在进行喷雾时，雾滴大小会影响防治效果，一般地面喷雾其直径最好在 50～80 微米，喷雾时要求均匀周到。喷雾时最好不要选择中午，以免发生药害和人体中毒。

②喷粉。喷粉是利用喷粉器械产生的风力，将粉剂均匀地喷布在目标植物上的施药方法。此法最适于干旱缺水地区使用。适于喷粉的剂型为粉剂。此法的缺点是用药量大，粉剂黏附性差，效果不如同药剂的乳油和可湿性粉剂好，而且易被风吹失和雨水冲刷，污染环境。因此，喷粉时易在早晚叶面有露水或雨后叶面潮湿且静风条件下进行，使粉剂易于在叶面沉积附着，提高防治效果。

③土壤处理。将药粉用细土、细砂炉灰等混合均匀，撒施于地面，然后进行耧耙翻耕等，主要用于防治地下害虫或某一时期在地面活动的昆虫。如用 5% 辛硫磷颗粒 1 份与细土 50 份拌匀，制成毒土。

④拌种、浸种或浸苗、闷种。拌种是指在播种前用一定量的药粉或药液与种子搅拌均匀，用以防治种子传染的病害和地下害虫。拌种用的药量，一般为种子重量的 0.2%～0.5%。

浸种或浸苗是将种子或幼苗浸泡在一定浓度的药液里，用以消灭种子幼苗所带的病菌或虫体。

闷种是把种子摊在地上，把稀释好的药液均匀地喷洒在种子上，并搅拌均匀，然后堆起熏闷并用麻袋等物覆盖，经一昼夜后，晾干即可。

⑤毒谷、毒饵。利用害虫喜食的饵料与农药混合制成，引诱害虫前来取食，产生胃毒作用将害虫毒杀而死。常用的饵料有麦麸、米糠、豆饼、花生饼、玉米芯、菜叶等。饵料与美曲磷酯、辛硫磷等胃毒剂混合均匀，撒布在害虫活动的场所。主要用于防治蝼蛄、地老虎、蟋蟀等地下害虫，毒谷是用谷子、高粱、玉米等谷物做饵料，煮至半熟有一定香味时，取出晾干，拌上胃毒剂。然后与种子同播或撒施于地面。

⑥熏蒸。熏蒸是利用有毒气体来杀死害虫或病菌的方法。一般应在密闭条件下进行。主要用于防治温室大棚、仓库、蛀干害虫和种苗上的害虫。例如，用磷化锌毒签熏杀天牛幼虫、用敌敌畏在大棚内熏蒸蚜虫等。

此外，还有放烟、涂抹、毒笔、根区撒施、注射、打孔等。总之，农药的使用方法很多，在使用农药时可根据药剂的性能及病虫害的特点灵活运用。

（三）农村防火安全常识

1. 住宅怎样防火及逃生

（1）居室防火注意事项

①全家外出时，要关好所有门窗，关闭燃气总阀。

②火柴根、烟蒂丢弃前要完全弄熄。烟灰缸尽量够大够深，使烟蒂不易掉落到地上。

③火柴、打火机必须放在小孩拿不到的地方；平时要教育小孩不得玩火。

④烧香烛和冥钱时，要用适当容器，并远离易燃物（如废纸、纸盒、衣物、被褥等）；不要到处燃放鞭炮。

⑤家具、窗帘、床单、衣物等不要靠近暖炉、炭炉，也不要把暖炉、炭炉放在门边，以免碰翻。更不要把开着的暖炉、有火的炭炉随处移动。

⑥耗电量大的电器，应单独用一个插座，以免电力负荷过大。

⑦不使用电器时，应拔掉插头（这比只关掉电器的开关更安全）。

⑧炉具油污积聚容易失火，应经常清洗炉具。一旦着火，切勿用水去泼。

⑨烹饪时锅中不要放太多食物，油受热膨胀，溢到炉上就有失火的危险。

⑩煤油、汽油要贮存在密封的金属容器内，并放在远离电源和火源且空气流通的地方。平时不要过量贮存这些易燃物。

（2）住宅失火怎样逃生

①迅速、冷静观察火势。首先察看门口是否可以逃出去。开门时先试试门把烫不烫，以此估计门外的火势。先开一条小缝，同时用脚顶住门下方，以免外面有气浪时把门冲倒。如果门外有火，就不要开门开窗，防止风助火势。在逃离时，要匍匐前行，离地面近的空气会好一些，视线也比较清楚。

②如果大火已封住门口及楼梯，就要看哪个窗口最大，离地面最近，从哪里跳下去可以落到附近的阳台或别的房顶，从哪里跳下去比较安全。

③如果已没有别的出路，必须从较高的楼层跳下，可迅速把床单等结实的布或绳绑在一起，一端绑在室内牢固之处，由楼上往下滑。

④火灾初起时，如果没有电话报警，要大声呼救，让邻居或其他人听到，以便及时报警和抢救。

2. 怎样预防沼气引发的火灾

沼气是一种优质的生物能源燃料，但同时它又是一种易燃性气体，主要成分是甲烷，其余为二氧化碳和少量的氢、氮、硫化氢等。防止沼气爆炸、烧伤和火灾，要做到以下几点。

①沼气池经装料后，应检查是否产生沼气，点火试验时必须在离池较远的出气管口进行，千万不能在池顶导气管口直接点火。

②在正常使用时，不要在导气管上或进出口料直接点火，要教育小孩千万不要在沼气池边玩火，以免产生回火，引起爆炸。

③出渣或检修时，应用手电筒照明，绝不明携带马灯、蜡烛、煤油灯等入池。严禁在池内吸烟，以防点燃池内残存的沼气，引起爆炸和烧伤事故。

④在沼气灯、沼气炉附近，不要堆放柴草等易燃物品。沼气灯要和屋顶（特别是草房、木屋）保持一定距离。

⑤使用沼气炉时要先点火后开气，以免沼气聚积后猛一点火，引起火灾和烧伤。

⑥沼气使用完毕，要关紧开关，嗅到屋内有臭鸡蛋味时，应立即打开窗户，可以在导管接头或开关处用鼻子闻，或用肥皂水检查这些地方有无漏气。若发现漏气时，室内绝不能用明火，并应及时修理、堵漏。

⑦发生火灾，不要慌张，应镇定地先拔掉输气导管，立即切断沼气来源。

3. 怎样防电线起火

（1）电线起火的原因

①用电量超过了电线的输电能力，保险丝又配得太粗，不易熔断。

②电线陈旧，绝缘损坏，造成混线短路，使导线过载。

③接头松动、冒火而引起火灾。

④因为雷击，把变压器、高低压线圈击穿（接通），或因高压

线离低压线太近(或离广播线太近),被大风刮到一起,使高压线顺着广播线或低压线进入各用电户,从而引起电线起火。

⑤电线绝缘老化漏电也容易引起火灾。

(2)防止电线起火的注意事项

①不要在电线上挂东西、晒衣服,也不要把晒衣服用的铁丝或竹竿搭在电线上。

②广播线和电话线不要与电力线同杆架设。如果广播线和电力线交叉跨越时,应保持足够的距离。交叉点要用绝缘体隔离。

③砍伐树木,要防止树倒压在电线上,不要在电线下面堆放草料、木柴、粮囤。不要在高压线下盖房子(这不仅容易使人触电,而且还会引起火灾)。

④牛马不要拴在电线杆上。

⑤教育小孩不要爬电线杆和拉电线,不要在电线附近放鞭炮、放风筝,也不要往电瓷瓶上抛石子或用弹弓打停在电线上的鸟儿,以免碰断电线。

⑥拉、合闸开关时,必须由电工使用合格的绝缘工具操作,不要用其他东西(如锄头等)操作。

⑦遇到电线落地(包括广播线),不要用手去拿。如落地的是低压线,可用木棒将它拨开,并及时找电工处理;如高压线落地,应请人在 10 米以外看管,并及时通知管理电气的人员来处理。

⑧保险丝不可乱换,应按照电路上的实际用电量选用适当保险丝,如乱换上大的保险丝或用铝丝、铜丝代替保险丝,就有可能引起火灾。

⑨发现电线漏电,要及时处理。

⑩不要用纸做灯罩,不要把灯泡放进被窝取暖,也不要把灯泡放置在贴近棉花、稻草、蚊帐等易燃物的地方。

4. 怎样预防"死灰复燃"和稻草堆自燃

(1)使"死灰"不再复燃的办法

①把未烧尽的炉灰用水浇灭后再倒出去。如果是在野外烤火,一定要将余灰熄灭或用沙、土埋好再离去。

②把烧过的灰倒在安全的地方,不要倒在饲养棚边或柴堆边。

③让灰在炉里或火盆里过夜,冷透了再倒出来。

(2)怎样防止稻草堆自燃

①严格控制水分,稻草含水量的多少,是决定稻草堆是否能自燃的一个最主要的因素。在上堆之前必须检查含水量,如果水分超过20%(用测湿表或用手感来测湿),应晒干再垛,或先堆几个小堆,经过一段时期的干燥后再并成大堆。

②注意通风。稻草堆与稻草堆之间除了应保持一定的距离外,每个堆垛还要开一层或两层通风洞,以便随时散发草堆本身的热量。

③定期检查。发现温度过高时,就应立即翻垛,摊开,或设法让它通风降温。

④严防雨水。稻草堆顶应盖好,发现漏水要及时修补加盖。

5. 电视机冒烟失火的救应措施

①马上切断电源开关,将电源插头拔离电源插座。

②清除电视机周围可能引起燃烧的物品。

③切断电源后,人要远离电视机,让它自然降温;等烟雾消失,机体降温后再送往专业修理部门检修。不要擅自卸下后盖摸弄,以免改变原状,不利检修。

④一旦电视机冒出明火,在切断电源后,应迅速用棉被、毯子等纺织物将电视机包裹起来,以绝断空气流通,扑灭火苗,防止因燃烧波及显像管爆炸。千万不能用灭火器。因为

显像管会因热胀骤然冷缩而发生爆炸，从而引起更大的人身伤亡事故。

6. 气体燃料泄漏的救应措施

使用煤气、液化油气、天然气易燃气体时，都可能发生泄漏。怎样处理气体燃料泄漏呢？

①切勿在气体燃料泄漏的地方点火，应迅速熄灭火种，如点燃的烟头、蜡烛等。

②不要开或关任何电器的开关，也不要按门铃，以免在开或关电器时产生火花引起燃烧。

③赶快打开门窗，让易燃气体散出屋外。要等到泄漏完全停止，室内确无易燃气体时才可关上门窗。

④检查燃气用具上的开关是否无意中被打开了，如果没有打开而气味又很浓，说明可能有易燃气体泄漏，应马上关掉总阀。

⑤切勿自己或让旁人修理任何燃气用具或管道。发现有泄漏问题，要请专业人员来修理。

⑥修理时应离开现场，等到完全修理好，气味散尽后再回到房内。

⑦如果已感觉到泄漏比较严重，气味很浓，应马上出去拨电话报警或通知煤气公司。

7. 液化气瓶起火的救应措施

①不能用水去泼或用棉被去捂，更不能把气瓶弄倒，以免液体流出，酿成更大的火灾。

②用湿毛巾或湿毛布裹住手部，按顺时针方向用力把气瓶阀门关闭，切断气源，火就会熄灭。

③尽快将气瓶挪移出失火现场，以免引起瓶体爆炸。

④如果火势较大，已难以控制，应一面打电话迅速报警，一面尽快搬开周围易燃物品，控制火势进一步蔓延，以便消防队及时赶来进行扑灭。

8. 油锅起火的处理办法

面对油锅起火,如何处理?

①釜底抽薪,马上关掉炉火。

②不要挪动滚烫的铁锅,让它慢慢冷却。如果急忙把锅挪到屋外,移动时煽起的风反而会助长火势。

③千万不要向火泼水,这样做很危险,会引起铁锅爆炸。

④用布或锅盖先挡住自己的面部,然后再拿盖子迅速罩在油锅上。

⑤如果自己一时无法将油火扑灭,可关上厨房的门窗,赶快给消防队打电话,或请邻居们帮忙灭火。

(四)农村安全生产综合知识

1. 地震

①住在平房的居民,应迅速头顶保护物跑到屋外;来不及跑时可躲在桌下、床下及坚固的家具旁,并用毛巾等捂住口鼻防尘、防烟。住在楼房的居民,应选择厨房、卫生间等开间小的空间避震或躲在内墙根、墙角等易于形成三角空间的地方;要远离外墙、门窗和阳台,不要使用电梯。

②正在野外活动时,应尽量避开山脚、陡崖,以防滚石和滑坡。

③正在教室上课或工作场所工作时,应迅速抱头、闭眼,在讲台、课桌、办公家具下边等地方躲避。震后应有序撤离。

2. 泥石流

①发现有泥石流迹象,应立即观察地形,向沟谷两侧山坡或高地跑。

②一定要设法从房屋里跑出来,到开阔地带,尽可能防止被埋压。逃生时,要抛弃一切影响奔跑速度的物品。

③不要躲在有滚石和大量堆积物的陡峭山坡下面。

④不要停留在低洼的地方，也不要攀爬到树上躲避。

3. **台风**

①台风来临前，应准备好手电筒、收音机、食物、饮用水及常用药品等。

②关好门窗，检查门窗是否坚固；取下悬挂的东西；检查电路、炉火、煤气等设施是否安全。

③住在低洼地区和危房中的人员要及时转移到安全住所。

④不要去台风经过的地方旅游，更不要在台风影响期间到海滩游泳或驾船出海。

4. **雷击**

①注意关闭门窗，室内人员应远离门窗、水管、煤气管等金属物体。

②关闭家用电器，拔掉电源插头，防止雷电从电源线入侵。

③在室外时，要及时躲避，不要在空旷的野外停留；要远离孤立的大树、高塔、电线杆、广告牌；在户外不要使用手机。

④在空旷的室外无处躲避时，应尽量寻找低洼之处（如土坑）藏身，或者立即下蹲，降低身体的高度。

⑤雷雨天尽量少洗澡，太阳能热水器用户切忌洗澡。

5. **触电**

①发现有人触电后，应立即关闭开关、切断电源。同时，用木棒、皮带、橡胶制品等绝缘物品挑开触电者身上的带电物品。

②应将脱离电源的触电者迅速移至通风干燥处仰卧，松开上衣和裤带，检查触电者的口腔，清理口腔黏液，如有假牙，则应取下。

③立即就地进行抢救。如呼吸停止，应采用人工呼吸法抢救。如心脏停止跳动，应进行人工胸外心脏按压法抢救。

6. 高温

①饮食宜清淡；多喝凉白开水、冷盐水、白菊花水、绿豆汤等防暑饮品。

②在高温条件下的作业人员，应采取防护措施或停止作业。

③白天尽量减少户外活动时间，外出要打伞、戴遮阳帽、涂抹防晒霜，避免强光灼伤皮肤。

④大汗淋漓时，切忌用冷水冲澡。应先擦干汗水，稍事休息后再用温水洗澡。

⑤如有人中暑，应立即把病人抬至阴凉通风处，并给病人服用生理盐水或“十滴水”等防暑药品。

7. 公共场所险情

①发生拥挤或遇到紧急情况时，应保持镇静，在相对安全的地点短暂停留。

②注意观察周围地形，寻找安全通道或应急出口的标志，确定自己的方位，随时做好疏散准备。

③注意收听广播，服从现场工作人员引导，尽快从就近的安全出口有序撤离，切勿逆着人流行进或抄近路。

④在人群中不小心跌倒时，应立即收缩身体，紧抱着头，最大限度地减少伤害。

8. 农药中毒

①立即切断毒源，脱离中毒现场。

②脱去被污染的衣裤，用微温的肥皂水、稀释碱水反复冲洗体表 10 分钟以上（注意：美曲膦酯中毒时，不能使用碱性液体）。

③对昏迷的病人，应立即送医院由医务人员为其洗胃。对神志清楚的中毒病人，需用筷子或手指刺激咽喉催吐。

④昏迷病人出现频繁呕吐时，救护者要将他的头放低，使其口部偏向一侧，以防止呕吐物阻塞呼吸道引起窒息。

⑤病人呼吸、心跳停止时，应立即实施长时间的心肺复苏法抢救，待生命体征稳定后，再送医院治疗。

9. 家庭失火

①炒菜油锅着火时，应迅速盖上锅盖灭火。如无锅盖，可将切好的蔬菜倒入锅内灭火。切忌用水浇。

②电器起火时，先切断电源，再用湿棉被或湿衣物将火压死。电视机起火，要从侧面靠近电视机灭火。

③液化气罐着火，除可用湿被褥、衣物等捂压外，还可将干粉或苏打粉用力撒向火焰根部，在火熄灭的同时关闭阀门。

④逃生时，应用湿毛巾捂住口鼻，背向烟火方向迅速离开。逃生通道被切断、短时间无人救援时，应关紧迎火门窗，用湿毛巾、湿布堵塞门缝，用水淋透房门，防止烟火侵入。

10. 高致病性禽流感

①尽量避免接触异常死亡的禽类。处理死亡家禽时，应穿防护衣，戴手套和口罩，事后马上消毒或用肥皂洗手。

②接触禽类后，如出现发烧、头痛、发冷、哆嗦、浑身疼痛无力、喉咙痛、咳嗽等症状，且 48 小时内不退烧者，应马上到医院就诊。

③禽类工作人员应及时接种禽流感疫苗，并对工作场所彻底消毒。

④如果发现鸡、鸭、鸽子等禽鸟突然大量发病或不明原因死亡，应尽快报告动物防疫部门，及时进行诊断并采取必要的隔离、消毒等措施。

11. 危险化学品

①发现被遗弃的化学品，不要捡拾，应立即拨打报警电

话，说清具体位置、包装标志、大致数量以及是否还有气味等情况。

②立即在事发地点周围设置警告标志，不要在周围逗留。严禁吸烟，以防发生火灾或爆炸。

③遇到危险化学品运输车辆发生事故，应尽快离开事故现场，撤离到上风口位置，并立即拨打报警电话。

④受到危险化学品伤害时，应立即到医院救治，不要拖延。

12. 放射源

①不要盲目进入有放射性警示标志的地方。

②发现无人管理的标有电离辐射标志的物体，或用铅、钢、石蜡等制成的圆柱形或球形物体时，千万不要擅自移动，不要打开，不要捡回家中或卖给废品收购站。

③发现无人管理的闪闪发光的金属物品或金属链等不明物体时，要迅速远离现场，千万不要移动这些物品，不要捡回家中。

④在可疑物体附近应设立标志，警告他人不要靠近，并立即打电话告知环保部门或公安部门。

八、注重健康卫生，提高生活质量

随着人们生活水平的提高，人们对健康的关注程度也在提高，有人说健康成就人生，生命是最宝贵的财富，更是成就事业的基本前提。把健康看作“1”，把成功、幸福等人生成就看作“1”后面的“0”，当你拥有“1”时，“0”越多意味着你的成就越多。

(一)保持身心健康

1. 现代人的健康内容

包括:躯体健康、心理健康、心灵健康、社会健康、智力健康、道德健康、环境健康等。

心理健康是身体健康的精神支柱,身体健康又是心理健康的物质基础。

维护健康4大基石:平衡饮食、适量运动、戒烟限酒、心理健康。

2. 健康十项标准

①充沛的精力,能从容不迫地担负日常生活和繁重的工作而不感到过分紧张和疲劳。

②处世乐观,态度积极,乐于承担责任,事无大小,不挑剔。

③善于休息,睡眠良好。

④应变能力强,能适应外界环境中的各种变化。

⑤能够抵御一般感冒和传染病。

⑥体重适当,身体匀称,站立时头、肩位置协调。

⑦眼睛明亮,反应敏捷,眼睑不发炎。

⑧牙齿清洁,无龋齿,不疼痛,牙龈颜色正常,无出血现象。

⑨头发有光泽,无头屑。

⑩肌肉丰满,皮肤有弹性。

3. 性格与健康

性格塑造疾病,当我们心理失调时,特定的器官也会不正常,从而导致某种疾病。要想痊愈,除了遵医嘱治疗外,还要调整好自己的情绪。性格是健康的一个保障,所以,有个良好的性格,才能拥有健康的体魄。

4. 预防亚健康

(1)什么是亚健康

世界卫生组织(WHO)认为:亚健康是一种临界状态,处于亚健康状态的人，虽然没有明确的疾病，但却出现精神活力和适应能力下降，如果这种状态不能得到及时纠正，非常容易引起心身疾病。包括：心理障碍、胃肠道疾病、高血压、冠心病、癌症、性功能下降，倦怠、注意力不集中、心情烦躁、失眠、消化功能不好、食欲不振、腹胀、心慌、胸闷、便秘、腹泻、感觉很疲惫，甚至有欲死的感觉。然而体格检查并无器官上的问题，所以主要是功能性的问题。处于亚健康状态的人，除了疲劳和不适，不会有生命危险。但如果碰到高度刺激，如熬夜、发脾气等应激状态下，很容易出现猝死，就是“过劳死”。

(2)导致亚健康的因素

饮食不合理。当机体摄入热量过多或营养贫乏时，都可导致机体失调；过量吸烟、酗酒、睡眠不足、缺少运动、情绪低落、心理障碍以及大气污染、长期接触有毒物品，也可出现这种状态；起居无规律、作息不正常已经成为常见现象。对于青少年，由于影视、网络、游戏、跳舞、打牌、打麻将等娱乐，以及备考、开夜车等，常打乱生活规律。成人有时候也会因为娱乐（如打牌、麻将）、看护病人而影响到休息；过度紧张，压力太大。特别是 IT 白领人士，身体运动不足，体力透支；长久的不良情绪影响。

5. 如何预防亚健康

预防亚健康的“十字”方针：“平心”，即平衡心理、平静心态、平稳情绪；“减压”，即适时缓解过度紧张和压力；“顺钟”，即顺应好生物钟，调整好休息和睡眠；“增免”，通过有氧代谢运动等增强自身免疫力；“改良”，即通过改变不良生活方式和习惯，从源头上堵住亚健康状态发生。

营养。保证合理的膳食和均衡的营养。其中，维生素和矿物质是人体所必需的营养素；维生素 A 能促进糖蛋白的合成，细胞膜表面的蛋白主要是糖蛋白，免疫球蛋白也是糖蛋白。

人体不能合成维生素和矿物质，而维生素 C、B 族和铁等对人体尤为重要，因此每天应适当地补充多维元素片；除此之外，微量元素锌、硒、维生素 B_1、维生素 B_2 等多种元素都与人体非特异性免疫功能有关。

生活习惯。善待压力，把压力看做是生活不可分割的一部分，学会适度减压，以保证健康、良好的心境。

及时调整生活规律，劳逸结合，保证充足睡眠；适度劳逸是健康之母，人体生物钟正常运转是健康保证，而生物钟“错点”便是亚健康的开始。

增加户外体育锻炼活动，每天保证一定运动量；现代人热衷于都市生活忙于事业，锻炼身体的时间越来越少。加强自我运动可以提高人体对疾病的抵抗能力。

常洗手：计算机键盘的缝隙里有很多脏东西；吃过的快餐余粒啊，喷过的飞沫啊，这些东西在随时危害你的健康。在办公室里一定要记得常洗手。

每 3 天换一次鞋：经常更换鞋子可以让自己的脚少受委屈。

（二）科学合理膳食

1. 良好的膳食习惯

有人总结的“一二三四五，红绿黄白黑”生活习惯，值得借鉴。“一”即一定戒酒，不必戒肉。“二”即每顿二两粮，不当泔水缸（减肥谚语：饭前喝汤、苗条健康，若要身体安，三分饥和寒）。“三”即三份高蛋白（一两瘦肉 = 一个鸡蛋 = 二两豆腐）。“四”即饮食四有，有粗有细有甜有咸。“五”即每天 500 克蔬菜和水果；“红”即番茄、红酒、红辣椒。“黄”即黄色食品，黄金作物（胡萝卜、南瓜、老玉米、红薯、小米等）含大量卵磷脂、亚油酸、维生素 E，可吸收水分，吸收毒素，吸收脂肪。“绿”即绿茶（含抗氧自由基物质，俗称茶寿）、绿豆、绿色蔬菜。“白”即荞麦粉（通便、降血脂、降学堂、防癌）、大蒜、花粉（植物精子）。“黑”即黑木耳（降低血液黏稠度）、黑米、蘑菇。

2. 营养学家的建议

科学研究表明，在人类10种最容易导致死亡的疾病中有6种与人的饮食习惯有关，它们是：心脏病、癌症、中风、动脉粥样硬化、糖尿病和慢性肝炎。当然还有其他一些潜在的人体机能失调症如骨质疏松症等。那么人们不禁要问，到底吃什么喝什么才能有效地预防这些疾病呢？下面是美国68位营养学家的建议。

（1）脂肪摄入量要少于热量的25%

人体脂肪的摄入量不能高于摄入热量的25%，按照这个标准，每人最好每星期摄入900克的牛肉。低脂肪的食物能减少约10%的胆固醇含量，从而可以减少20%的心脏病发病率。建议每天的胆固醇摄入量最好不要多于300毫克，相当于一个蛋黄的胆固醇含量。

（2）多吃含纤维丰富的食物

纤维对减少心脏病和一些癌症的侵袭尤其有效，提倡人们每天食用20～35克纤维，相当于0.6千克蔬菜和0.3千克水果。譬如白菜、芹菜、韭菜、蒜苗、苹果、梨等都属于含纤维较多的食用植物。

（3）维生素和矿物质也是不可缺少的

适当摄入肉、蛋、禽、鱼便不容易缺铁，而且多吃豆、谷物和绿色植物还令铁能被更充分的吸收。如果摄入钙太少，尤其是妇女，会得骨质疏松症。专家建议那些极有可能患骨质疏松症的妇女，比如体形削瘦的、有烟酒嗜好的、有骨质疏松病家族病史的，每天至少要摄入1 000毫克的钙。但身体健康不缺钙的人就不必如此。

（4）对糖、盐、咖啡和酒不必太忌讳

糖的最大缺点是会导致牙病，盐能令人得高血压，而咖啡还没有任何证据指出会导致什么病，一天喝一两次酒倒是能减少心脏病发病率——当然，喝一次酒的量，啤酒不要多于300克，白酒不要超过100克。

3. 饮食中的黄金搭配

（1）饮食搭配的“十条”原则

从现代营养科学观点看，两种或两种以上的食物，如果搭配合理，不仅不会“相克”，而且还会“相生”，起到营养互补、相辅相成的作用。

一是粗细粮相配：日常饮食中增加粗粮有助于预防糖尿病、老年斑、便秘等，而且还有助于减肥。

二是主副食相配：日常饮食中应将主食和副食统一起来。

三是干稀相配：冬季进补的理想食物：当归、生姜羊肉汤；利水渗湿佳品：赤小豆炖鲤鱼汤；催乳佳品：茭白泥鳅豆腐羹；益智佳品：黑芝麻糊及红楼梦中记载的6种粥（红稻米粥、碧梗粥、大枣粥、鸭子肉粥、腊八粥及燕窝粥），还有敦煌艺术宝库中发现的“神仙粥”（由芡实、山药和大米组成）等均为干稀相配的典型代表。

四是颜色相配：食物一般分为5种颜色：白、红、绿、黑和黄色。一日饮食中应兼顾上述5种颜色的食物。

五是营养素相配：容易过量的为脂肪、碳水化合物和钠；容易缺乏为蛋白质、维生素、部分无机盐、水和膳食纤维素；高蛋白质低脂肪的食物有鱼虾类、兔肉、蚕蛹、莲子等；富含维生素、无机盐、膳食纤维素的食物有蔬菜水果类和粗粮等；水是一种重要的营养素，每日应饮用4杯以上的水。

六是酸碱相配：食物分为呈酸性和呈碱性食物。主要是根据食物被人体摄入后，最终使人体血液呈酸性还是碱性区分的。近些年来，因肉类食品摄入过多，致使血液酸化，引发富贵病，应引起重视。

七是生熟相配：吃生吃活现已成为一种时尚。吃生蔬瓜果、鲜虾、银鱼等可以摄入更多的营养素。吃生吃活必须注意食品卫生。

八是皮肉相配：连皮带肉一起吃渐成时尚。如鹌鹑蛋、小蜜橘、大枣、花生米等带皮一起吃营养价值更高。

九是性味相配：食物分四性五味。四性是指寒、热、温、凉；五味是指辛、甘、酸、苦、咸。不同疾病应选用不同性味的食物，一般是“热者寒之，寒者热之，虚则补之，实则泻之。”；不同季节应选用不同性味的食物，如冬季应选用温热性食物：羊肉、鹿肉、牛鞭、生姜等，尽量少吃寒凉性食物。五味也应该相配起来，不能光吃甜的而不吃苦的。

十是烹调方法相配：常用的烹调方法有蒸、炖、红烧、炒、溜、氽、炸、涮等。单一的烹调方法，如烧、炸、炒容易引起肥胖。应多选用氽、蒸、涮等烹调方法。

(2)常见饮食搭配

芝麻配海带：同煮能起到美容、抗衰老的作用。

猪肝配菠菜：猪肝、菠菜都具有补血的功能，一荤一素，相辅相成，对治疗贫血有奇效。

糙米配咖啡：把糙米蒸熟碾成粉末，加上牛奶、砂糖就可饮用。糙米营养丰富，对医治痔疮，便秘、高血压等有较好的疗效；咖啡能提神，拌以糙米，更具风味。

牛肉配土豆：牛肉营养价值高，并有健脾胃的作用。土豆与之同煮，不但味道好，且土豆含有丰富的维生素，能起到保护胃黏膜的作用。

百合配鸡蛋：有滋阴润燥，清心安神的功效。中医认为，百合清痰水，补虚损，而蛋黄则能除烦热，补阴血，二者加糖调理，效果更佳。

羊肉配生姜：羊肉补阳生暖，生姜驱寒保暖，相互搭配，暖上加暖，同时还可驱外邪，并可治寒腹痛。

甲鱼配蜜糖：甲鱼含有丰富的蛋白质、脂肪、多种维生素，并含有辛酸、本多酸、硅酸等,实为不可多得的强身剂,对心脏病、肠胃病、贫血均有疗效,还能促进生长,预防衰老。

鸭肉配山药:老鸭既可补充人体水分,又可补阴,并可清热止咳;山药的补阴效力更强,与鸭肉共食,可消除油腻,补肺效果更佳。

鲤鱼配米醋:鲤鱼本身有涤水之功,人体水肿除肾炎外大都是湿肿;米醋有利湿的功能,若与鲤鱼共食,利湿的功能倍增。

肉类配大蒜:据研究,维生素 B 在人体内停留的时间很短,吃肉时吃点大蒜素,能延长维生素 B 在人体内的停留时间,对促进血液循环以及尽快消除身体疲劳,增强体质等都有重要营养意义。因此,吃肉的时候,别忘了吃几瓣大蒜。

4. 如何远离癌症

无论是哪种癌症,都是癌细胞分裂、复制、数量增加而演变成的结果,归根到底是身体免疫细胞的战斗力不佳。免疫力强大,就会将癌细胞扼杀在摇篮里,不会发展成癌症。所以,远离癌症最关键的手段是:提高免疫力,保证免疫细胞的战斗力。

如何提高免疫力呢?需要做到以下几点:一是乐观心态,积极向上。二是充足休息,适量运动。三是合理饮食,均衡营养。

(三)预防职业病

1. 农民常见的职业病

(1)农民肺。从事柴草、粮食、饲料加工的农民,在晾晒、翻动、运输和加工发霉的上述物料过程中,由于反复吸入散发在空气中的芽孢霉菌或嗜热放线菌而感染的一种过敏性肺炎。接触 4 ~8 小时即可发病。主要症状为发热、咳嗽、气短、胸闷、无力等,与慢性气管炎、哮喘、肺结核的症状非常相似,因而极易被误诊,病情恶化后发展为肺心病,甚至会因呼吸衰竭而死亡。因此,应尽量减少接触发霉的稻草、秸秆、柴禾,劳动时应站在粉尘飘向的上风处,戴口罩上岗。

（2）蘑菇肺。长期在潮湿的地下室或密闭环境的大棚内，从事菇类栽培工作，因空气不流通，可吸入大量真菌孢子而诱发蘑菇肺。发病时可出现头痛、发烧、胸闷、气喘等现象，如长期得不到适当治疗，可引起肺组织纤维化或肺癌等。因此作业时要戴上口罩，工作时间不宜过长，要抽空到空气清新处休息。

（3）塑棚病。是因塑料大棚内温度高、湿度大、空气不流通、闷热难耐，长时间在棚内工作而出现的头痛、恶心、呕吐、关节痛、全身乏力、食欲不振等典型症状，从而使劳动能力明显下降的一种病症。因此，应尽量缩短在棚内作业的时间，进棚每工作 2 小时，最好到外面呼吸清新空气 10 ~ 20 分钟；每天在棚内工作的时间，以不超过 6 小时为宜。

（4）哮喘病。鸡鸭身上有一种叫螨的微生物，饲养人员吸入后会引起过敏、瘙痒，进而导致速发型哮喘，发作严重时，肺功能会受到损害。因此，饲养家禽时，禽舍要与住宅保持一定距离，避免人禽同室；鸡鸭舍棚要注意向阳通风，经常消毒。

（5）钩虫病。经常赤脚进入刚施过含有钩虫粪肥的菜田，或用手接触此泥土的劳动者易患此病。病发后常出现丘疹、疱疹，奇痒无比，严重者会产生贫血、胃肠功能紊乱、营养不良、肝脾肿大等严重后果。因此，在农村应提倡建立无害化厕所，或粪便池密封加盖和进行熟化处理。若急需施肥时，在每 50 千克鲜粪中加 5 克美曲膦酯，搅拌均匀，一天之后即可使用。劳动前可用 1% 的碘酊或明矾水擦手脚皮肤加以预防。

（6）类丹毒病。是养猪户容易发生的一种急性传染病，传染源主要来自带有该种病毒的病猪。人一旦感染，多发生在手和臂部。除皮肤病变外，体温可升高至 40℃，且反复发热。因此饲养人员在治疗、护理和处理病猪及其排泄物时，要注意防护和消毒，避免手部受伤，以防被传染发病。

（7）农药白血病。在中国农村 40% ~45% 的白血病患者都与使用农药有关。有研究表明，某些农药（包括除草剂）会破坏人的造血系统,引起白血病。因此,经常使用农药和杀虫剂的农户,不仅要选择低毒、高效、广谱、低残留的农药,还要掌握科学安全使用农药的技能,注意合理稀释配比和风向,操作时要戴上口罩,穿上工作服。

2. 农民工得了职业病如何维权

农民工作为弱势群体,当自己的合法权益受到侵犯时,往往不懂得怎样去维护。对此,当我们怀疑自己得了职业病,首先,要向所在单位索取所从事的工种究竟有什么疾病危害的相关材料;第二,有权知道病情危害程度怎样,企业是否作了相关职业病危害的检测;第三,有权请企业出示每一年的个人体检结果材料。

随后,可以到国家认可的有资质进行职业病健康检查的医疗单位进行检查,拿到职业病诊断结果后,可向当地的劳动、卫生、安监部门、总工会投诉企业赔偿。假如这些途径还无法解决侵权问题,就可走法律途径起诉企业,获得自己的合法权益。

(四)艾滋病防治

1. 什么是艾滋病?

艾滋病是由艾滋病毒所引起的,艾滋病毒又称为人类免疫缺乏病毒(Human Immunodeficiency Virus),简称 HIV。人类天生具有免疫功能,当细菌、病毒等侵入人体时,在免疫功能正常运作下,就算生病了也能治愈。然而,HIV 所攻击的正是人体免疫系统的中枢细胞—T4 淋巴细胞,致使人体丧失抵抗能力,不能与那些对生命有威胁的病菌战斗,从而使人体发生多种极为少见的、不可治愈的感染和肿瘤,最终导致感染者死亡。

值得一提的是,HIV 本身并不会引发任何疾病,而是当免疫系统被 HIV 破坏后,人体由于失去抵抗能力而感染其他的疾病导致死亡。

2. **流行概况**

WHO 报告 2010 年全世界存活 HIV 携带者及艾滋病患者共 3 400 万，新感染 270 万，全年死亡 180 万人。每天有超过 7 000 人新发感染，全世界各地区均有流行，但 97% 以上在中、低收入国家，尤以非洲为重。专家估计，全球流行重灾区可能会从非洲移向亚洲。中国 CDC 估计，截至 2011 年年底，中国存活 HIV 携带者及艾滋病患者约 78 万人，全年新发感染者 4.8 万人，死亡 2.8 万人。疫情已覆盖全国所有省、自治区、直辖市，目前中国面临艾滋病发病和死亡的高峰期，且已由吸毒、暗娼等高危人群开始向一般人群扩散。

3. **传染源**

HIV 感染者和艾滋病病人是本病的唯一传染源。

4. **传播途径**

HIV 主要存在于感染者和病人的血液、精液、阴道分泌物、乳汁中。①性行为：与已感染的伴侣发生无保护的性行为，包括同性、异性和双性性接触。②静脉注射吸毒：与他人共用被感染者使用过的、未经消毒的注射工具，是一种非常重要的 HIV 传播途径。③母婴传播：在怀孕、生产和母乳喂养过程中，感染 HIV 的母亲可能会传播给胎儿及婴儿。④血液及血制品（包括人工受精、皮肤移植和器官移植）。握手，拥抱，礼节性亲吻，同吃同饮，共用厕所和浴室，共用办公室、公共交通工具、娱乐设施等日常生活接触不会传播 HIV。

5. **易感人群**

人群普遍易感。高危人群包括：男性同性恋者、静脉吸毒者、与 HIV 携带者经常有性接触者、经常输血及血制品者和 HIV 感染母亲所生婴儿。

6. 艾滋病预防

(1)预防 HIV 感染

①传染源的管理:高危人群应定期检测 HIV 抗体,医疗卫生部门发现感染者应及时上报,并应对感染者进行 HIV 相关知识的普及,以避免传染给其他人。感染者的血液、体液及分泌物应进行消毒。②切断传播途径:避免不安全的性行为,禁止性乱交,取缔娼妓。严格筛选供血人员,严格检查血液制品,推广一次性注射器的使用。严禁注射毒品,尤其是共用针具注射毒品。不共用牙具或剃须刀。不到非正规医院进行检查及治疗。③保护易感人群:提倡婚前、孕前体检。对 HIV 阳性的孕妇应进行母婴阻断。包括产科干预(终止妊娠,剖宫产)+抗病毒药物+人工喂养。医务人员严格遵守医疗操作程序,避免职业暴露。出现职业暴露后,应立即向远心端挤压伤口,尽可能挤出损伤处的血液,再用肥皂液和流动的清水冲洗伤口;污染眼部等黏膜时,应用大量生理盐水反复对黏膜进行冲洗;用 75% 的酒精或 0.5% 碘伏对伤口局部进行消毒,尽量不要包扎。然后立即请感染科专业医生进行危险度评估,决定是否进行预防性治疗。如需用药,应尽可能在发生职业暴露后最短的时间内(尽可能在 2 小时内)进行预防性用药,最好不超过 24 小时,但即使超过 24 小时,也建议实施预防性用药。还须进行职业暴露后的咨询与监测。

(2)并发症的预防

对于并发症最好的预防就是及时抗 HIV 治疗。①CD4+T 淋巴细胞 <200/立方毫米的患者,应口服复方新诺明 2 片/日预防肺孢子菌肺炎,至 CD4+T 淋巴细胞升至 200/立方毫米以上 3~6 个月。②弓形体脑病:避免生食或食用未熟透的肉类,避免接触猫及其排泄物。弓形虫抗体 IgG 阳性、CD4+T 淋巴细胞低于 100/立方毫米者可口服复方新诺明预防,至 CD4+T 淋巴

细胞升至200/立方毫米以上3个月。对接触开放性结核的患者须进行异烟肼预防性治疗。

7. 专家观点

虽然目前艾滋病是一种可控的慢性传染病,但在中国仍有较高的死亡率和致残率,患者也承受着很多痛苦和压力。目前,传播途径以性行为为主,尤其是男－男性行为。建议高危人群固定性伴侣,避免不安全性行为。

（五）保护美化环境,净化生活空间

1. 环境污染问题

由于人们对工业高度发达的负面影响预料不够,预防不利,导致了全球性的三大危机:资源短缺、环境污染、生态破坏。人类不断地向环境排放污染物质。但由于大气、水、土壤等的扩散、稀释、氧化还原、生物降解等的作用。污染物质的浓度和毒性会自然降低,这种现象叫做环境自净。如果排放的物质超过了环境的自净能力,环境质量就会发生不良变化,危害人类健康和生存,这就发生了环境污染。环境污染会降低生物生产量,加剧环境破坏。

农村环境污染。主要是农村生活污染、面源污染,畜禽养殖污染。农业面源污染物主要是农药、化肥、地膜的过度使用,土壤重金属严重超标。

2. 保护环境有效措施

①采用测土配方施肥技术:按照《测土配方施肥技术规范》,实施测土配方施肥,增加有机肥施用量,控制氮肥用量,稳定磷肥用量,适当增加钾肥用量,针对性补施中、微量元素肥料。

②采用农作物秸秆综合利用技术:综合运用免耕覆盖沃土技术、堆沤发酵或过腹还田等技术处理农作物秸秆。尽可能地

让秸秆还田，增施有机肥，提高土壤肥力，逐步提高秸秆能源化利用水平。

③注意农膜的科学利用和回收：深刻认识农田残膜危害土壤、污染环境的严重性，做到作物种前科学计划用膜，盖膜时规范操作，膜用后尽量拣尽土壤中残膜，在有条件的地方建立地膜、塑料等废弃物的集中收购点，减少白色污染。

④采用茶、果、菜、食用菌等园（棚）管理和废弃物处理：对生产过程中产生的相关废弃物尽量回收处理，减少食用菌产区菌渣、菌袋堆积，降低食用菌生产的污染，逐步改善城乡生态环境，努力实现农村经济效益与环境效益同步增长。

⑤采用人畜粪便无害化处理和生活污水清洁化处理：在农村要大力发展农村沼气，充分发挥沼气池在农村环境综合治理中的作用。在公路沿线和江河沿岸，对农村生活产生的污水尽可能经兼性厌氧处理，有条件时应建立污水处理池，处理后的生活污水可作为农田灌溉用水。

⑥科学使用农药和开展农药废弃物包装物的回收工作：选择使用高效、低毒、低残留农药和先进施药机械，禁止使用高毒高残留农药。采用农作物病虫害专业化、绿色防控技术，提高综合防治水平。

⑦注意农产品质量安全工作：严格采用农业标准化生产，提高标准化普及率，加强农产品生产过程中的农药、化肥、生物激素的污染控制，开展农畜产品质量安全监测，做好专项抽检和应急监测工作。

⑧加强农村畜禽粪污处理：科学规划畜禽养殖生产区域，规范畜禽养殖环境监管，定期整治畜禽养殖场，因地制宜做好畜禽粪污的科学利用。

⑨加强农村机耕道路环境治理：重点清理农村机耕道两旁环境的“脏、乱、差”，做好沿线的相关配套设施建设。清除道路沿线垃圾废物，禁止在道路乱堆乱放，保持沿线路面干净整洁；

及时铲除路肩的杂草灌木，疏通堵塞排水沟、涵洞的农作物秸秆、砂石等；做好道路日常管护。

3. **环境保护小常识**

①家居6大空气污染物。苯、甲醛、氨气、可吸入颗粒物、污染物（总挥发性有机物）、氡。

②日常环保行为。使用环保布袋；尽量乘坐公共汽车；倡步行，骑单车；不使用非降解塑料餐盒；双面使用纸张；拒绝使用一次性用品；拒绝使用一次性筷子；尽量利用太阳能；尽量使用可再生物品；多使用回形针、订书钉，少用含苯的溶剂产品，如胶水、修正液；纸杯是给来客准备的，开会时与会人员需自带水杯，避免纸杯的浪费和污染。

九、掌握涉农政策，建设崭新家园

近年来，中国对“三农”工作的重视和支持力度不断加大，为农业产业发展和广大农民朋友建设新家园、开创新生活提供了优良的政策环境，如何正确理解、掌握、利用好这些涉农政策，为自身的生产、生活创造强有力的政策支持环境，是新型农民应该好好学习的。

（一）小城镇建设

1. **小城镇建设的概念**

小城镇建设与城镇建设、小镇建设意义相近，但又有细微区别。城镇建设侧重城中特色镇、古镇、旅游文化镇建设，小镇建设侧重农村乡镇建设，而小城镇概念属于二者的交叉范畴，囊括一切特色城镇、功能城镇和新农村城镇建设。

小城镇建设是小城镇的各种要素的创立或组合以及一定区域内小城镇体系的设置、改造和发展的过程。即通过统筹城乡发展,加大公共财政对农村的覆盖,增加农村教育、卫生、交通、水利、环境等公共产品供给,开发农村生产力,实现农村地区的可持续发展,在城镇化背景下以统筹城乡经济社会发展的思路,改变过去单纯地、片面地强调加快城镇化进程的观念,更加关注城乡之间的良性互动,更为综合和全面地谋划中国的现代城乡结合化建设。

2. 小城镇发展的现状

小城镇的蓬勃兴起已成为中国经济社会发展的一个重要标志,小城镇人口已占全国城镇总人口的40%以上。近10年来,小城镇共吸纳农村富余劳动力6 000多万人,占同期转移出的农村富余劳动力的50%.小城镇发展已成为推进中国城镇化道路的重要途径之一。迅速发展起来的小城镇,不仅是农村经济发展的重要载体,而且是城市与农村之间必不可少的桥梁,已经成为农村的经济、文化、教育及社会服务的中心。

尽管城镇化战略的实施取得了积极进展,但也出现了一些需要引起高度重视并予以解决的问题。一些地方把推进城镇化片面地理解为加强城镇建设,热衷于搞形象工程、政绩工程。还有一些地方通过修编城镇规划、设置开发区,把开发面积做大,以获取土地开发的短期收益。很多地方城镇规划面积的扩张速度大大快于人口城镇化的速度,二者很不相适应,造成有城无市的结果。没有把推进城镇化的工作重点放到如何促进农村富余劳动力向城镇转移、实现农村人口城镇化上来。

一些地区把城镇化与工业化相适应的原则绝对化。简单地将城镇化等同于工业化,片面强调要在本市或本镇建多少工厂和制造业基地。表现形式就是不惜代价招商引资,盲目上工业项目,但却忽视城镇化与服务业发展相互促进、共同带动、互为前提的作用。还有一些就是脱离本地实际，贪大求洋，追求高标准，试图建成国际性经济中心、国际大都市等；只重视现代服务业，不重视那些能增加就业、吸纳农民进城的一般性服务行业的发展。

3. 制约小城镇发展的根本原因

在城镇化建设上，发展小城镇的推动源应当是产业行为，即市场行为。小城镇的发展需要一定的产业来支撑，即需要产业载体，这种产业可以是第二产业，也可以是第三产业，或者二三产业并重。但在中国不同地区小城镇的就业结构差异较大，这种差异主要表现为从事第一、第二产业的人员比例不同。小城镇发展的水平，主要体现在第二产业的发展对第一产业的替代上。东部地区部分小城镇已初步完成工业化，但中、西部地区的工业化水平仍很低，经济的发展水平不足以支撑小城镇的发展。

非农产业发展相对滞后。小城镇是非农产业发展的物质载体，为非农产业提供场地、设施、劳动力、市场等，小城镇的发展促进了非农产业的发展。非农产业是小城镇发展的经济内容，为小城镇建设提供经济支撑力，使之规模扩大。载体与内容的发展要相适应，否则会带来诸多问题。建国初期，中国的城市发展在当时各种条件的限制下走了一条重内容轻载体的发展道路，把城市建设成为生产基地，建设了许多工厂，而忽视了生活消费，造成城市基础设施滞后，并因此制约了城市经济的发展。现在全国各地搞小城镇建设似乎又走到了另一个极端，重载体轻内容，不少地方高标准搞基础设施建设，搞“五通一平”甚至“七通一平”，而非农产业的发展明显滞后，使小城镇建设没有经济支撑。

非农产业集中效果不好。东部发达地区业已分散的乡镇企业搬迁成本太高，只好维持现状。中、西部地区则缺乏乡镇企业，许多乡镇可以说还没有真正意义上的乡镇工业，或者说还没有开始农村工业化进程，也就没有集中的对象。

4. 小城镇建设主要内容

从宏观建设来说，要求从本地区、本城镇的实际情况及它在整个社会结构中的客观地位出发，做好总体规划。制定小城镇建设规划，要兼顾经济、社会、生态三大效益。规划的内容要全面，既要突出经济建设的重点，又要配合做好教育、科学、文化、人口、劳动力、社会保障、生态环境、市（镇）政设施等方面的建设规划。它侧重于解决一定区域内小城镇的密度、规模、功能和空间布局的问题，以及小城镇建设的发展速度和具体的方法、步骤等问题。一般地说，每一个区域内的小城镇，要尽可能做到密度适当、规模合理、功能互补、布局均衡。

从微观建设来说，可归纳为物质文明方面的建设与精神文明方面的建设。

（1）物质文明建设主要包括经济建设、生态建设和市（镇）政设施建设等

①经济建设涉及工业、交通运输业、建筑业、商业和服务业的建设，以及与小城镇居民生活直接相关的农、林、牧、副、渔等行业的建设。经济建设在小城镇建设的各项工作中居于中心的地位。

②生态环境建设主要是围绕消除或控制大气污染、水质污染、废渣污染、噪声污染而进行的排烟、防尘、绿化、美化、供水、排水、垃圾和粪便处理，以及隔声、消声等方面的建设。生态环境建设直接影响着小城镇居民的生活质量，极大地制约着小城镇经济和社会的发展。

③市（镇）政设施建设主要包括工厂、商店、机关、学校、居民住宅的建设，以及道路、桥梁、供水、供电、文化娱乐和生活服务等公用设施的建设。市（镇）政设施建设是发展经济、改善生活的必要条件，是经济建设和生态环境建设的物质体现。

（2）精神文明方面的建设主要包括思想建设、文化建设和社会制度、组织建设

①思想建设主要是用科学的理论和世界观、现代的民主意识和法治观念、高尚的道德情操和风貌等来提高小城镇居民的思想道德素质。

②文化建设主要是通过教育、科学、文学艺术、新闻出版、广播电视、卫生体育等文化事业的发展来提高小城镇居民的科学文化素质。

③社会制度和组织建设，主要包括经济制度、政治制度、文化教育制度、家庭制度、社会保障制度，以及与这些制度相适应的组织机构或设施的建设。

5. 小城镇建设的主要思路

目前，作为有战略意义的小城镇建设，已经引起社会各方面的重视。但是，小城镇建设是一个复杂的、系统的、长远的社会性大工程，要高质量地建设中国的小城镇，就必须对以下几个关键问题具有正确的思想。

(1)小城镇建设目标的阶段性与根本性

小城镇建设的目标有阶段性与根本性之分，二者绝对不能混淆，这必须有清醒和明确的认识。所谓目标的阶段性，是指在不同的基础条件下，不同的时期、不同的小城镇各有不同的建设与发展目标。小城镇建设阶段性的目标体现的是个性、特性与差异性，是促进小城镇健康发展不可缺少的内容，也是实现小城镇建设的根本性目标的基础。

目前，最重要的是明确小城镇建设的根本性目标，这是现在的薄弱环节。所谓小城镇建设的根本性目标，就是不管哪个小城镇，不管在什么时期，也不管处于什么建设阶段，都要把吸引农村人口向小城镇集中作为小城镇建设的根本性目标。这种根本性目标体现的是共性和普遍性。《中共中央国务院关于促进小城镇健康发展的若干意见》指出，小城镇“要适应经济发展较快的要求，完善城镇功能，提高城镇建设水平，更多地吸纳农村人口”。所以说,小城镇建设的根本目的是集中人口居住,最大限度地吸引农民到这里安家落户,其他一切都是为此服务的。

(2)小城镇建设的普及性与重点性

中国和国外的现有大中城市,都是在小城镇的基础上选择发展起来的。同样,现在的一些小城镇将来也会发展成为大中城市,但是,更多的小城镇永远不能成为大中城市,有一些还必然会走向消亡。这就给我们提出一个问题:要有选择地、重点地布局建设小城镇。

目前的小城镇设置确实颇多,具有很高的普及性。全国共有18 000多个,既然将来大部分小城镇不能发展成为人口居住集中的大中城市,那么,当前促进小城镇健康发展的工作就是要“控制普及性,突出重点性”。有选择地建设小城镇,就是在普及性的基础上突出重点性。

(3)承担小城镇基础建设组织的主体性与商业性

基础设施建设是小城镇发展的一项基本的也是重要的内容。有着良好的基础设施,才能吸引企业和人口向小城镇集中。必须科学解决投资的主体性和商业性问题。正确的投资主体应主要是企业,投资方式应主要是商业性的。形成开放的多元化投资体制。企业性的投资主体将更有活力,商业性的投资方式将更有基础。

(4)小城镇产业的主导性与多样性

良好的主导产业不仅有利于吸纳聚集农村人口,形成小城镇发展的雄厚财力基础,而且它是决定小城镇的经济形态和发展方向、使小城镇更有生命力和延续性的重要条件。一方面,在选择重点发展的小城镇的时候,要考虑有主导产业基础,而且其产业有生命力、有良好的延续发展前途,这样的小城镇才有可能在将来成为一个城市,达到我们建设小城镇的预期目的。另一方面,要积极引导小城镇,尽早树立建造主导产业的强烈意识,充分挖掘和发挥当地的自然、经济、区位、地理、人文、技艺、资源等优势，扬长避短，尽快选择和确立自己的主导产业。同时，还要帮助已经初步形成主导产业的小城镇，不断发展壮大，真正形成有广泛影响、规模大、质量高、效益好、带动性强的主导产业。

(5)小城镇人口的凝聚性与政策性

目前，建制城镇的人口普遍偏少。小城镇的人口凝聚性差，主要是政策性原因。政策不对头，就不能吸引农民向小城镇转移集中。具体表现为：一是户籍障碍。没有户口好多事情很麻烦，而要迁移户口既有政策限制，又有各地不同的附加条件约束，诸如交纳增容费、落户费等。二是承包地与资产障碍。多数农村现行的办法是，凡户口迁移后，承包地就要收回。三是宅基地障碍。农民进入小城镇，等于放弃原来不花钱的宅基地，再花钱购买新宅基地，很多农民认为不划算。

6. 中国发展小城镇建设的意义

(1)有利于转移农村剩余劳力，化解农村深层次的矛盾

中国资源环境局限性大，缺乏大规模发展大中城市的地理条件，不可能走只发展大城市和农村劳动力都涌进大城市的路子。农村剩余劳动力滞留在有限的土地上，即使土地回报率很高，收入总量也难以有较大增长。要富裕农民，必须减少农民。小城镇地处农村，一部分农民进入小城镇，减轻了大中城市的压力，降低了城镇化的社会成本。这是实施可持续发展的正确选择。不仅有利于解决一部分农村剩余劳动力转移问题，化解农村深层次的矛盾，还有利于城镇化的长远发展。

(2)有利于为民营经济的发展拓宽空间和创造投资环境

小城镇建设可拉动建材、建筑、家电、家具、电力、交通、供水、通讯、环保以及餐饮服修等行业发展，刺激民营经济的增长，培育新的经济增长点，使乡镇企业产品乃至大中城市工业产品会有更多的销路，同时也将成为农副产品销售的集散地，为农民收入持续较快增长拓宽经济空间。

(3)推进小城镇建设有利于促进农业产业化经营

农业现代化要以土地适当集中,形成适度规模经营为前提。扩大土地经营规模唯有减少农民。一部分劳动力从农业退出,向小城镇转移和集中,有利于农业种植结构的调整,推动农业先进科学技术的运用和普及,促进农业转向集约化经营,促进乡镇企业的发展,加快农业现代化和工业化的进程。

(4)推进小城镇建设有利于改善农村的生活质量,提高农民素质和保持农村社会稳定

农民分散居住在自然村落,文化、教育、科技、卫生等事业投资大、见效难,即使物质生活达到"小康",精神生活也难以同步跟上。加快发展小城镇,使更多的农民到城镇居住,有利于传播城镇文明,提高农村人口素质,加快农村现代化进程。公共卫生和环境保护意识必将大大增强,加上小城镇防污排污系统的逐步建立和完善,从而大大缓解农村分散居住形式下对生态环境造成的压力和破坏,有效地改变农村环境污染的状况,既有利于提高农民的生活质量和健康水平,又能增强可持续发展能力。

从保持农村社会的稳定看,社会越是组织化和多元化,社会结构就越是稳定。小城镇发展将促进农村经济专业化分工水平和多元化程度的提高,还能在社会管理、经济合作、文化娱乐和信息传播等方面发挥对农民的组织协调作用,从而有利于农村社会结构的稳定。

(二)失地农民政策

1. 概念

失地农民是指农民的土地被依法征收后,农业户口的家庭人均耕种面积少于0.3亩的统称为失地农民.

2. 中国失地农民社会保障存在哪些主要问题?

(1)失地农民获得的补偿标准较低

对于征地补偿标准，中国土地管理法中有着明确的规定，征地补偿由三部分组成：一是土地补偿费，按每亩土地前三年平均产值的 6 ~ 10 倍（最高不超过 15 倍）补偿；二是青苗及其地上附着物补偿费，按成本或市场价格补偿；三是对劳动力安置补偿费，按每亩土地前三年平均产值的 4 ~ 6 倍补偿，而且土地补偿和劳动安置补偿费之和最高不得超过前三年平均产值的 30 倍。

（2）一些地方补偿款被层层截留，失地农民实际得到的很少

在征地过程中，部分地方土地补偿的分配混乱，补偿款被层层盘剥，层层截留，到农民手中只有很少一部分。土地的收益大部分被开发商和地方政府获取。

（3）安置方式单一，失地农民就业难

土地法实施条例把被征地农民安置补偿费按三种途径支付：一是农村集体经济组织安置的支付给农村集体经济组织；二是用地单位安置的支付给安置单位；三是不须单位安置的发给被安置人员个人。

（4）部分失地农民成为新的弱势和贫困群体

由于大量的农民失地、失业，他们成了一个典型的弱势群体，生活在被社会遗忘的角落。一方面，他们失去了土地，不再是原来意义上的农民了，没有了土地这个基本的生活保障；另一方面，失地的农民并未真正成为的城镇居民。成了一个特殊的边缘群体，生活在城市边缘，成为新的弱势和贫困群体。

3. 解决失地农民就业和社会保障问题的几点对策

解决这个问题的指导思想就是要稳步推进农村社会保障体系建设。农村社会保障体系主要包括养老保险、医疗保险、失业保险、最低生活保障等。外地一些城市通过建立覆盖全体农业劳动者的新型农村基本养老保险并为老年农民建立社会养老补

贴制度，不仅从根本上解决了广大农民的基本生活，而且减少了征用土地中许多矛盾。因此，要适应农村城市化、户籍制度改革的发展需要，必须积极创造条件，加快建立以国家、集体和个人共同负担的新型农村基本农民养老保障体系，加快原有的各种养老保险向城镇保险、新型农村养老保险的接轨，形成城乡相对完善的社会保障制度。

（1）确保实行"以土地换保障"政策，建立失地农民基本养老保障制度

"以地换保障"是指从土地征用款中确定一定数额建立失地农民的基本养老保障制度。例如，咸阳市的实践表明，只要政府坚持科学发展观，注重城乡的统筹发展，在土地被征用过程中，解决失地农民的养老保障问题就能够切实可行。这是因为，土地征用款是农民失去土地后维持可持续生计的唯一资本，政府在这种时候积极引导农民投资于养老保障，是维护他们切身利益的重要举措。

（2）更新理念，制定合理的政策，促进失地农民充分就业

要确立就业优先的理念，按照"公平对待、合理引导、完善管理、搞好服务"的原则，彻底取消限制失地农民的就业歧视性政策，清理各种乱收费现象，逐步实现城乡统筹就业，使失地农民真正享受市民待遇。

要以强化失地农民培训教育为重点，着力提高失地农民的素质和就业竞争能力；要按照"政府促进就业，个人自主择业，市场调节就业"的原则，制定促进失地农民就业配套政策；大力鼓励用地单位和企业把合适的岗位优先安排给失地农民；要制定和完善关于鼓励支持个体私营经济发展的政策，鼓励失地农民通过非全日制、临时性、季节性工作等灵活多样的形式实现就业。只有切实解决了失地农民的后顾之忧，才能降低企业吸纳失地农民的成本，增强失地农民的就业竞争力，从而为他们的长远发展拓展空间，进而形成"以土地换保障，以保障

促就业，以就业促发展”的良性循环。当然，建立失地农民基本养老保障制度虽然会增加城市用地成本，但与政府向社会高价出售的土地相比相距甚远。在一定程度上说，“以土地换保障”是对现行征地补偿标准偏低的修正，除了养老保险以外，实际上也可以一并考虑解决就业问题和医疗问题。这样才是切实保障“可持续生计”被中断的失地农民权益的良性补偿。

（3）抓住城市化进程的历史机遇，积极探索惠及全体农民基本养老保障制度的框架

从土地被征用的角度看，农村居民大体可以被分成两类人群：已经失地的农民和可能面临失地的农民。虽然有研究表明，目前全国失地农民的总数估计在 4 300 万人左右，每年还要新增 200 多万人，如何抓住目前能够“以土地换保障”这一历史机遇期，从战略高度认识并开始着手探索惠及全体农民、城乡一体化的基本养老保障制度，是政府应尽早筹谋的大事。这需要处理好以下三大关系。

一是农村中两类不同群体养老保障制度的关系。对于失地农民和可能面临失地的农民，咸阳市现行低门槛进入的基本养老保障制度具有一定的优越性。今后可能更需要解决的是农民的养老保障问题。事实上，相对于失地和可能面临失地的农民，纯粹的传统农民身份的经济实力和抵抗风险的能力最差，他们的土地又难以变现，为了真正促进粮食生产，逐渐地把他们的养老保障一并考虑进来最好。

二是城乡居民养老保障制度的关系。从咸阳市的情况看，城乡居民中目前并存的 4 种基本养老保障制度，即城镇职工基本养老保险、“双低”基本养老保险和农村养老保险以及社会基本养老保险制度并存。四种制度之间如何衔接和过渡，并融合为一个城乡一体的基本的养老保障制度是新制度设计中需要面对的问题。

三是建立农村居民基本养老保障制度与提升城市竞争力的关系。城市发展需要优化投资环境,而降低企业发展成本和城市建设成本是重要方面之一,也恰恰是建立农村居民基本养老保障制度所必须付出的代价。如何在两者之间取得平衡,是制度设计需要考虑的问题。

农村居民基本养老保障制度应本着“低水平、有弹性、广覆盖”的原则进行设计。

所谓低水平,指的是低标准缴费、低标准享受。实际缴费基数、缴费比例和缴费年限,以居民达到法定退休年龄,每月领取的养老金应以当地基本生活需求标准为宜,其数额至少不能低于当地城镇居民最低生活保障标准。

所谓有弹性,是指在基本保险的基础上配套设计一个市场化运作的补充保险部分。其缴费水平由用工单位和个人根据自身经济实力自主确定,可采用个人账户的方式,多缴多得。

所谓多覆盖,体现在农村中各类人员均可参保,尤其是纯粹的传统农民身份也能得到基本养老保障。显然,制度的低水平设计在兼顾提升城市竞争力和各种制度可相互折算转换的同时,也确保了所有农民有条件参与;制度的弹性化处理适应了不同经济水平人群的多元化养老保障的需求。

良好的制度设计需要辅之相应的资金保障。尽力筹措可以惠及全体农民的养老保障基金。资金来源可以由以下几部分组成:被征地单位的征地补偿费、政府土地出让金收益提成;政府财政每年专项列支。这笔基金主要用于两个方面:一是充实基本养老保障制度中基本保险部分,二是对农民职业技能培训费用进行补贴。

总之,失地农民的社会保障问题是中国工业化和城市化进程中一个影响面非常广泛的社会问题,是需要重点关注和解决的民生问题,积极探索切实可行的途径和方法,以科学发展观为指导,制定相宜的系列配套政策。

（三）城镇居民医保政策

城镇居民基本医疗保险制度，是以大病统筹为主，针对城镇非从业居民的一项基本医疗保险制度。

1. 基本原则

城镇居民基本医疗保险试点遵循的几个原则：一是低水平起步。随着经济发展和群众收入水平的体高，可以逐步提高筹资水平、保障标准和财政补助标准。二是坚持群众自愿。不搞强制，而是在制度设计上注重政策的吸引力，引导群众参保，并鼓励连续缴费。三是明确中央和地方政府责任。中央定原则和大的政策，保证全国社会保障体系的统一。四是坚持统筹协调。统筹考虑各种保障制度和政策的衔接，统筹考虑地区之间的平衡，统筹考虑新制度的出台对其他人群的影响，统筹考虑医疗保障体制和医药卫生体制的配套改革。

2. 覆盖范围

城镇中不属于城镇职工基本医疗保险制度覆盖范围的中小学阶段的学生（包括职业高中、中专、技校学生）、少年儿童和其他非从业城镇居民，都可自愿参加城镇居民基本医疗保险。大学生的医疗保障问题，教育部、劳动保障部、财政部进行了专题研究，基本思路是参加城镇居民基本医疗保险，具体政策待进一步调研后报国务院批准。

3. 筹资标准

对城镇居民基本医疗保险，没有规定全国统一的筹资标准。由各地根据低水平起步的原则和本地经济发展水平，并考虑居民家庭和财政负担的能力合理确定。从许多地区实践和测算的平均数值看，要保证基金支付比例在50%以上，筹资水平大体在城镇居民家庭人均可支配收入的2%左右。由于未成年人和成年人医疗消费需求的差异很大，因而筹资水平也不同。

4. **政府补助**

为了引导和帮助广大城镇居民缴费参保，借鉴新农合的成功经验，城镇居民基本医疗保险实行了政府补助的政策。政府对所有参保居民给予不少于人均 40 元/年的补助，并对城镇低保家庭的未成年人再给予不少于人均 10 元/年的补助，对城镇低保对象（成年人）、低收入家庭 60 岁以上老年人和丧失劳动能力的重度残疾等特殊困难群体的参保缴费再给予不少于人均 60 元/年的补助。补助资金由中央财政和地方财政分担：中央财政对中西部地区所有参保居民普遍补助 20 元，对未成年的困难城镇居民再补助 5 元，对成年困难城镇居民再补助 30 元；对东部地区，中央财政参照新型农村合作医疗的补助办法给予适当补助。这样规定，明确了中央财政补助水平，又给地方补助留下空间。

从 2008 年起，政府对参保居民的人均补助标准将由 40 元提高到 80 元，其中，中央财政对中西部地区的人均补助标准由 20 元提高到 40 元，对东部地区的补助标准也参照新农合的补助办法相应提高。

5. **管理制度**

原则上与城镇职工基本医疗保险的规定一致，由劳动保障部门所属的医疗保险经办机构统一管理，居民参保实行属地管理。但有一些区别：在支付政策上，城镇居民基本医疗保险只建立统筹基金，不建立个人账户，基金主要用于支付住院医疗和部分门诊大病费用。基金支付比例原则上低于城镇职工医保而高于新农合，一般可以在 50% ~60% 。有条件的地方，也可以探索门诊普通疾病医疗费用统筹的保障办法。即划出部分资金，专项用于支付一般门诊费用。在基金管理上，城镇居民基本医疗保险基金同样要纳入社会保障基金财政专户统一管理，但要单独列账。在医疗服务管理上，与城镇职工基本医疗保险基本相同，但在服务项目管理上要补充少儿特殊用药，在就医管理上要增加儿童医院为定点医疗机构。

城镇居民医疗保险是针对城镇居民而出台的医疗保障方案，每个人都应该拥有一份属于自己的基本医疗保障。

（四）新型农村社会养老保险政策

1. 什么是新型农村社会养老保险

新型农村社会养老保险（以下简称新农保）是以保障农村居民年老时的基本生活为目的，建立个人缴费、集体补助、政府补贴相结合的筹资模式，养老待遇由社会统筹与个人账户相结合，与家庭养老、土地保障、社会救助等其他社会保障政策措施相配套，由政府组织实施的一项社会养老保险制度，是国家社会保险体系的重要组成部分。

2. 新农保试点的基本原则是什么

开展新农保试点的基本原则是“保基本、广覆盖、有弹性、可持续”。“保基本”就是要从现阶段经济发展水平的实际出发，保障农村老年人的基本生活。“广覆盖”就是要靠制度和政策的吸引力，把尽可能多的农村居民纳入到新农保制度之中。“有弹性”就是要适合农村、农民的特点和地区发展差异性，政策和标准具有适当灵活性。“可持续”就是各级财政有能力支付，广大农民能够承受，在确保安全的条件下实现新农保基金的保值增值。

3. 新农保试点的总体要求是什么

一是从农村实际出发，低水平起步，筹资和待遇标准与经济发展及各方面承受能力相适应；二是个人（家庭）、集体、政府合理分担责任，权利与义务相对应；三是政府主导和农民自愿相结合，引导农民积极参保；四是统一制度框架、统一基本政策、统一经办管理流程，结合本地实际制定具体的实施办法，对参保的农民实行属地管理。

4. 参加新型农村社会养老保险有什么好处

参加新农保有七大好处：①像城里人一样按月领取养老金，晚年生活有保障；②几年时间就能领清本金及利息，活到老养到老；③收益远高于银行存款利息；④享受财政缴费补贴，缴费时间越长，享受养老补贴也越多；⑤养老待遇根据物价和国民经济增长适时调高；⑥新农保具有保障性、福利性的政策，绝不同于商业保险；⑦政府将加大农村社区建设，构建没有围墙的敬老院，并不断提高农村老年群众待遇。

5. 开展新农保试点工作目标任务是什么

从2010年10月起开展试点工作，年底前基本实现60岁农村老人全部纳入新农保范围，开始发放养老金，参保缴费人数达到应参保人员的70%以上，2011年达到90%以上，2012年实现全覆盖。

6. 哪些人可以参加新型农村社会养老保险

凡具有本市区农业户籍、年满16周岁及以上（在校学生除外）、未参加城镇职工基本养老保险的人员。

7. 农村居民如何办理参保缴费手续

符合参保条件的农村居民，可持本人身份证及复印件、户口本及相关证件到所在村民生保障服务站提出申请(60周岁以上老人携带近期一寸免冠相片3张)，并填写《新型农村社会养老保险参保登记表》，经村、镇（乡）民生保障服务站（中心）审核、登记后，报市社保局审核、确定。

8. 新型农村社会养老保险由几部分构成

新农保基金由个人缴费、集体补助、政府补贴构成，采取按年缴费的方式缴纳。

①个人缴费。参保农民可以根据自身情况选择缴费。

②集体补助。有条件的村集体应为参保农民提供适当缴费补助，标准由村民委员会民主确定。鼓励其他经济组织、社会公益组织、个人为参保人缴费提供资助。

③政府补贴。县、市财政根据参保农民实际缴费金额确定补贴金额。

9. 如何缴纳新型农村社会养老保险费

参保登记后，参保缴费人员每年持民生保障服务中心出具的“缴费通知单”在规定的时间内到指定银行缴费，完成缴费后保管好缴费票据，以备对账、查询。

10. 农村重度残疾、低保家庭等符合参保条件且缴费困难的人员是如何补贴的

对农村重度残疾、低保家庭等符合参保条件且缴费困难的人员，市财政按一定标准给予全额或部分缴费补贴。

11. 农村计划生育户是如何奖励缴费的

农村计划生育独生子女户中符合参保条件的适龄人员，在新农保参保缴费财政统一补贴的基础上，政府再按一定标准给予个人奖励缴费补贴，

12. 符合补贴对象的农村生活低保户、重度残疾人、计划生育户等特殊人群如何认定的

①农村低保户：按市民政局核发的《农村居民最低生活保障证》为准。

②农村重度残疾人：按市残联核发的《中华人民共和国残疾人证》（第二代）为准，残疾等级为一级和二级的农村残疾人。

③农村计划生育独生子女户：农村计划生育独生子女户应持有市计生局核发的《独生子女父母光荣证》；

13. 如何办理特殊人群的养老缴费补贴

市民政局、残疾人联合会、人口和计生局分别负责农村低保

对象、农村重度残疾人、农村计划生育独生子女户等特殊人群的身份审核确认。市社保局负责上述人员参加新农保的参保信息登记和认定记载,并在现行新农保信息管理系统中做好人员身份标识。

市民政局、残联、计生局于每年一季度前将上年度的农村低保对象、农村重度残疾人、农村计划生育独生子女户的人员花名册(加盖公章)和《参加新型农村社会养老保险农村低保对象、农村重度残疾人、农村计划生育独生子女户人员身份认定表》(以下简称《认定表》)并提供市社保局、各乡(镇)民生保障服务中心和村民生保障服务站,并由村民生保障服务站进行公示(7 天),接受村民监督。经公示无异议后,村民生保障服务站将公示人员花名册和《认定表》签章,报乡(镇)民生保障服务中心复核签章,再报所在市社保局审核认定,市社保局审核后报市财政局审批,财政补贴部分由市财政统一申报。

14. 社会保险经办机构如何为参保人建立个人账户?个人账户由哪些资金构成

参保农民以户为单位办理参保登记、缴纳保险费等手续,市社保局为每位参保农民建立养老保险档案,以身份证为社会保障号,为每个参保人员建立终身记录的养老保险个人账户。个人缴费、集体补助及其他经济组织、社会公益组织、个人对参保人缴费的资助、市财政对参保人的缴费补贴,全部记入个人账户并做实,分别记载。个人账户储存额每年参考中国人民银行公布的金融机构人民币 1 年期同期存款利率利息。

15. 参保人在缴费或领取养老金期间死亡的如何处理

参保人在缴费期间死亡的,个人账户中的个人缴费部分本金及利息全部一次性退还给其法定继承人或指定受益人。在领取养老金期间死亡的,个人账户中的个人缴费部分本金及利息的余额退给其法定继承人或指定受益人。

16. 新农保的养老保险关系如何转移

参加新农保的人员在本市区范围内流动的，只进行个人信息变更，不转移养老保险关系，跨地区流动的，其新农保养老保险关系及个人账户基金转入新参保地，并按新参保地有关规定参保缴费；转入地尚未开展新农保试点的，可将其新农保养老保险关系及个人账户资金暂存于原参保地，待条件具备时转移。

17. 新农保领取月养老金应具备哪些条件

应同时具备以下 3 条：一是按规定已参加新农保；二是年龄达到 60 周岁以上；三是缴费年限满 15 年及以上。为了使新农保顺利实施，对新农保制度实施前，已年满 60 周岁、未享受城镇职工基本养老保险待遇的，不用缴费，可以按月领取基础养老金，但其符合参保条件的配偶和子女应当参保缴费；距领取年龄不足 15 年者，应按年缴费，也允许补缴，但累计缴费不超过 15 年，向前补缴的由本人承担；距领取年龄超过 15 年的，应按年缴费，累计缴费不少于 15 年。

18. 怎样办理养老金领取手续

参保人在年满 60 周岁前的 30 日内，市社保局通知镇（乡）民生保障服务中心、村民生保障服务站上报审核材料。本人填写《新型农村社会养老保险领取养老金审批表》，并提供身份证原件及复印件或户口本及复印件，经村民生保障服务站和镇（乡）民生保障服务中心初审签署意见后，上报市社保局审核，符合条件的，经市人社局审批，从次月起发放养老金。各项养老保险待遇实行社会化发放。市社保局为符合条件的参保农民核发养老金存折（卡），参保农民凭存折（卡）到指定银行领取。

19. 新农保与村干部养老保险制度是如何衔接的

新农保试点启动时，已开展的村干部养老保险制度同时纳入新农保制度。年满 60 周岁领取村干部养老金的，仍按原待遇标准计发,并享受新农保基础养老金。已参加村干部养老保险的在职村干部和新任职村干部,其个人账户资金和集体补助、财政补贴资金本息全部转入新农保个人账户,并继续按照村干部的缴费补贴标准参加新农保。

十、做新型农民工,打工打出水平

随着现代农业的发展,产业化、规模化、区域化、标准化程度不断提高,越来越多的农民从土地中转移出来,并成为城市建设和发展的重要力量,务工收入也成为农民收入的重要组成部分。要在繁华的城市中开阔眼界,增长知识,掌握技能,立稳脚跟,快速提高个人素质,实现新型农民的自我价值,一定要摒弃“打工丢人”的传统观念,打工不仅有“钱途”,更有“前途”。真正的强者,打工就打出高水平,打出奇迹,打出辉煌!

(一)进城务工应具备的基本条件

一是要达到法定劳动年龄,即年满 16 周岁。《中华人民共和国未成年人保护法》第 28 条规定:任何组织和个人不得招用未满 16 周岁的未成年人,但国家另有规定的除外;任何组织或个人依据国家有关规定招收已满 16 周岁未满 18 周岁的未成年工,应当在工种、劳动时间、劳动强度和保护措施方面执行国家有关规定,不得安排他们从事过重、有毒、有害的劳动或者危险作业。

二是要身体健康。良好的身体素质是进城务工的重要前提,所有的单位均要求其员工有良好的身体素质。身体不健康的人,常常会被拒之门外。进城找工作者必须要有一个健康的身体,要有旺盛的精力,否则,不可能胜任各项工作。

三是要具备一定的文化水平和技能。因为不识字的农民进入到城市，不但难找到工作，还会在日常生活中遇到很多困难，也容易上当受骗。随着社会和现代科技的发展，很多行业工作的技术含量较高，在务工前，需要有一定的文化知识并经过技能培训才能胜任。

四是要具备独立承担民事责任的能力。在城市生活工作中，多数事情都要求务工人员具备独立承担民事责任的能力。同时，不能因为外出务工而影响应承担的法律责任和义务。例如，如果家中有无人照顾且无自理能力或丧失劳动能力的老人、或者有未成年子女，外出务工就无法尽到赡养父母和抚养子女的义务，就不能外出务工。

（二）进城务工前应做好充分的准备工作

1. 思想准备

一是要做好吃苦受累的心理准备。进城前，在向往热热闹闹的城市生活的同时，还要想到可能遇到各种各样的艰难困苦。如工作难找，找到的工作机械而繁重；工作环境差，还会遇到各种意外打击等。总之一句话，要做好吃苦耐劳、承受艰难生活磨炼的准备。吃苦耐劳是对外出打工者提出的基本要求。谁都希望一切事情都顺顺利利，快乐如意，但是进城务工面临的是一个全新的世界，不可能总是一帆风顺。因此，进城之前，把前面的路设想成一条曲曲折折的山间小道，这样在行走的时候就可以步伐稳一些，速度也能快一些。二是有战胜各种困难的心理准备。走出家乡，来到人生地不熟的城市，特别是大中城市，会遇到各种困难，有的在意料之中，但也有意想不到的困难。重要的是对各种困难要有的估计，做好战胜一切困难的心理准备。一旦困难摆在面前，就要把那种不服输的韧劲拿出来，同时还要动脑筋多想办法。有时可能会感到没有出路，但如果坚持下去，又会出现转机。相信自己，依靠自己，是战胜困难的关键。三是要有虚心学习的心理准备。农村和城市存在着很大的区别。到了城市，不仅需要面对新鲜的工作，学习新的工作本领，遵守新的规章制度；同时，城市里的文明礼貌、生活方式、礼节礼仪等新的行为规范也需要去了解和适应。因此，在进城之前，务工者应树立活到老学到老的心理准备，虚心地向所有人学习，才能融入城市的生活。四是要有一颗平常心。来到城市，工作和生活条件的巨大反差往往会给务工者造成巨大的心理冲击，容易引起心理不平衡。有些人可能会恨自己出生在农村，也有的人可能会恨他人未必有超过自己的能力却过着比自己富裕得多的生活，或自卑自怨，或妒忌他人。若任由这种不良心理膨胀到极点，就会引发事端，甚至会经不住物质享受的诱惑而走上犯罪道路。因此，应做好心理准备，对自身、他人和环境，都应保持平和的心态，准备好一颗平常心。

2. 能力准备

一是掌握职业技能。技能是找工作的一张特别“通行证”，具有十分重要的作用。没有一技之长，只能从事简单的体力劳动，报酬低，工作强度大，竞争最为激烈。要想找到一份好的工作，必须要具有一定的技能水平，才能由体力工变为技术工，收入增长，工作轻松，才能在城市里扎根生存。所以，要进城务工，最好先在家乡或在务工城市参加一些正规的专业技能培训，学到一定技术，这样才有打工资本，好找工作，多挣钱。如参加各地开展阳光工程培训、就业培训等。有必要参加职业技能鉴定，拿到技术等级证，这样才能找到合适的岗位，才能拿到高工资。二是沟通能力。良好的沟通能力是处理好人际关系的关键。在城市里必须面对许多人，与很多素不相识的人打交道，如果没有良好的沟通能力，很难让别人认识自己，接纳自己。具备良好的沟通能力，可以使你很好地表达自己的思想和情感，获得别人的理解，进而让别人认识自己。也就是说，良好的沟通能力是成功地推销自己，找到工作的必要素质。因此，必须具备一定的沟通能力。具体来说，沟通能力包括语言表达能力、语言的理解能力和沟通等。

3. 生活准备

必须要有一定的资金准备。来回旅程所需费用和一个月左右的生活费，应当是进城找工作最低的资金准备。如果资金准备不足，一旦遇到困难就难以克服。在外出务工之前，应该确认招工信息是否准确，有一定把握后再出行，避免盲目进城，减少不必要的费用，节约资金。同时，要备齐简单的生活用品、必要的衣物。

4. 证件准备

①有效居民身份证。②16 周岁至 49 周岁的育龄妇女，还需向自己户籍所在地村委会申请办理《流动人口婚育证明》(如果已结婚，还要带上结婚证)。③毕业证或学历证明以及职业资格证书(特殊工种操作证)等能证明本人技能和上岗资格的相关材料。④能证明自己特殊身份的证件，如转业军人证、复员军人证等。⑤卫生防疫部门颁发的健康合格证，有利于在宾馆、饭店等找工作。

如果外出，最好带些 1 寸和 2 寸的免冠照片，以备办理一些必要的证件时使用，到达务工地点，找到了工作，有些地方还需要到当地公安部门办理暂住证。

(三)获取及选择务工信息

1. 获取务工信息的途径

①从乡镇劳动保障事务所和县农村人力资源开发办公室获取信息。

②通过已在城镇务工的亲朋好友，或从家乡外出的其他人获取务工信息。

③通过电视，报纸，刊物，广播，互联网等途径获取信息。

④从中介服务机构获取务工信息。

2. 怎样在劳务市场获得就业信息

进入城市找工作，人生地不熟，要想知道招工信息，绝大多数人会选择去劳动力市场。

目前，中国主要劳动力市场由以下几类就业机构组成。

①各级人事部门举办的人才交流中心；

②各种民办的人才交流中心；

③各种劳动和社会保障部门举办的职业介绍所；

④各种民办的职业介绍所；

⑤政府有关部门举办的各种劳动力供需交流会；

⑥社区劳动服务部门；

⑦专门的职业介绍网站。

找工作可以咨询各种正规的劳动力市场（如职业介绍所、人才交流机构等），从而获得有关职业岗位的需求信息和职业岗位对从业者素质要求的信息。

这些就业机构可以提供的职业岗位需求信息包括：什么地方需要劳动力；目前哪些行业就业人数多；哪些岗位就业竞争激烈；哪些行业或职业就业人数少；哪些职业岗位就业容易；各类职业的报酬如何等。这些机构常年研究劳动力市场的变化，对这些问题一般能给予比较准确的回答。

3. 怎样正确对待招聘信息

进城找工作的农民，刚刚进入城市，一切都很陌生，难免会觉得茫然，要在城市里找工作，就会感到无从下手。其实，找工作最重要的是信息。现代城市社会是个典型的信息社会，也许每时每刻都在为你提供着用人单位五花八门的招聘信息，关键是要在浩瀚如海、杂乱无章的信息中找出对自己有用的信息，还在去伪存真，才能加以利用。

除了电视、报刊、杂志、广播等大众传播媒介传递各种各样的就业信息外，眼花缭乱的招聘会、劳动力供需见面会也提供各种就业信息。此外，各种职业介绍机构、劳动中介机构也以各自的形式向人们提供各类就业信息，处理甄别这些信息就成了有效利用就业信息的一个重要环节。

首先，要对得到的各类信息进行分类整理，明确各类信息机构的服务对象和对你所能提供的帮助。面对大学生、研究生的供需见面会，显然不适合进城找工作的农村青年；以家政服务为主要内容的劳动力市场也只适合女性务工者，等等。经过分类比较要把那些不适合的信息剔除，然后把剩余的有用的就业信息按一定顺序排列。

其次，要甄别各类就业信息的价值和可信性。通常，报刊、广播、电视提供的就业和招工的信息是真实的，但也要防止就业信息中的陷阱。要甄别信息的价值，重要的是要看发布信息的机构是否是正规的，所发布的内容是否详细，有无时间限制，对应聘者的要求是否明确等。这些招工广告，其目的不是招工，而是骗钱，发布含糊其辞的广告，以报名费、信息费等名义骗钱。对于这类就业信息，一定要提高警惕，更不能轻易相信街头散发或张贴在墙壁上的小广告。

就业信息是找工作的基础，掌握的信息越广泛，信息质量越高，就越有可能找到最适合自己的工作。因此，就业信息的收集要全面、系统，要注意信息的变化，要提高信息的鉴别能力。这无论是对初次进城找工作，还是已经就业需要转换职业的人，都是十分重要的。

（四）求职技巧

1. 找工作有哪些技巧

找工作同做其他事情一样，也有方法和技巧，方法得当，事半功倍;方法不当,事倍功半,甚至会事与愿违。许多人找不到工作并不是因为他们不具备工作能力,而是因为他们在找工作过程中没有运用正确的方法和一定的技巧。找工作所应有的技巧,主要包括三个方面的内容:了解自己、了解所要选择的职业或行为、自我推荐。自我推荐即推销自己,对找工作很重要。而了解自己与了解所要选择的职业和行为更需加以注意,正如兵法上说的"知己知彼,百战不殆"。

(1)了解自己

包括了解自己的知识、技能、性格、爱好以及身体状况等。找工作前,必须先对自己有全面和认识。找工作不能眼高手低,明明自己没有能力做的工作却偏要去做,其结果一定是被拒之门外,即使侥幸被录用,也不可能胜任,最终还是会被辞退。

(2)了解要选择的职业和行业

了解这种职业岗位的工作内容、工作性质和对从业者素质的要求。可以向亲朋好友中做过相关工作的人了解有关情况,也可以向从事这方面工作的其他人请教,接受具有指导意义的信息,他们工作过程中的失败教训,对你可以起到预防的作用,而他们的成功经验又是你可以借鉴的。

(3)自我推荐

在了解自己和工作的基础上,就可以开始求职了。求职就是寻找和得到工作的过程,通常包括获得招工信息、争取面试、谈话、签约等环节。自我推荐过程发生在争取面试和谈话环节。只有自我推荐,才能让用工方了解自己,才有被录用的可能。找工作中的自我推荐,就是展示自己,设法让用工方了解自己的能力,了解自己的特长,了解自己做这份工作有过人的地方,围绕"我真正有能力做好这份工作,而我提出的要求也是十分合理的"这样一个中心来展开。只有很好地推销自己,才能争取到更多的录用机会。

2. 找工作应避免哪些误区

找工作是一个打工者与用工方双方互相选择的过程，打工者要求寻求一份适合自己的工作，而用工方要找到适合某工作岗位的人员。要找到一份适合自己的工作，需要正确的指导思想，合适的选择原则，否则，很难达到目的。

很多时候有的人找不到工作并不是因为无人雇用，而是因为走进了一些误区。这些思想和行动上的错误往往会导致人们难以找到合适的工作，主要表现在以下几个方面。

(1)挑肥拣瘦

面对眼花缭乱的职业，有些打工者缺乏判断、选择能力，不是将自身特点与工作素质要求来找出最合适的工作，而是单从工作本身及其报酬考虑，不切实际地挑肥拣瘦，把自己置于两难的境地，想干又怕艰苦，不艰苦的工作收入又低，无所适从。工作报酬的高低，与工作的难易程度、复杂程度、劳动强度、对从业人要求的高低以及就业竞争的激烈程度是密切相关的。报酬高的工作，不是劳动强度大，就是对人的素质要求高；劳动强度小，对从业者素质要求低的工作就业竞争相当激烈，报酬也低。这是由劳动力市场的供求关系决定的。具有吃苦耐劳的精神是做好一项工作的起码条件，怕脏怕累、怕吃苦的人，不可能找到工作。应该从艰苦的、简单的工作做起，积累了足够的经验和扎实的工作技能，才有可能找到更好的工作。

(2)这山望着那山高

有些人总是看着别人的工作比自己的好，频繁地换工作，结果知识和技能得不到提高，最终为社会所淘汰。找工作要量力而为，从自己能够胜任的工作做起，一步一个脚印地积累知识和技能，因为职业积累只有在相对稳定的工作环境中才能进行。

(3)畏首畏尾缺乏自信

做任何工作，自信心是极其重要的，有一些即使是各种条件都具备，本来应该完成得很好的工作，也会因缺乏自信而办砸了；如果有足够的自信心，对条件不是很完备的事情，会努力创造条件，也能办得很出色。自信心要以个人能力、个人素质作为基础。要有自信心，关键是要对自己有充分、客观的估计，了解自己有什么优点，有什么强项，有什么弱项，产生弱项的原因、症结是什么，哪些弱项容易克服，哪些弱项较易在工作中得以克服而成为强项。只有了解自己，才可能有自信心。否则，行为被自卑心理所笼罩，总觉得自己什么工作都做不好，本来很有优势，但看不到自己的优点，可以做的工作，却因为对自己没有足够的信心，害怕能力不够而不敢去尝试。这样无疑失去了很多工作机会。

(4)过于计较报酬

工作是为了获得报酬，干活挣钱是天经地义的事。但是，过于计较报酬，是很难找到工作的。任何用工单位，在同等条件下，都愿意录用工资要求较低的人。即便是素质较高，如果工资要求过高，用工单位也会出于劳动力成本的考虑，在保证能胜任工作的前提下，录用素质相对较低、工资要求也低的人员。因此，开始找工作时，不妨适当降低工资要求，等到干出成绩，再要求加薪，用工单位就会给予与工作业绩相应的报酬。

(5)对金钱过分迷恋

赚钱是每个进城找工作的农民直接的目的，有些不法分子利用这种心理，以高工资、高报酬为诱饵，吸引不知情的人上当，最后非但钱没挣到，自己还被别人利用，走上了犯罪的道路。挣钱是进城务工的目的之一，挣钱要取之有道，合理合法，何况挣钱并不是进城务工的唯一目的，选择工作时要考虑自身的发展，选择更有利于在城市生活和发展的工作。

3. 找工作应该注意哪些问题

进城找工作要考虑的因素很多，准备外出打工时，就应该考虑好：准备去哪座城镇？适合去南方还是北方？因为不同的地方有不同的气候、饮食、语言等。一个在南方长大的人也许不习惯北方的天寒地冻;患有风湿性关节炎的人,就不宜到空气潮湿的环境里工作。

除此之外,找工作还要注意以下一些具体情况。

(1)要了解你想做的工作是否很热门,是否已经“人满为患”

如果工作过于热门,又有许多人想要而且有能力从事这种工作,在这个行业或职业上劳动力的供给远远大于需求,那么即使你费了很大的力气,也可能得不到这个工作。因此,不妨选择不是那么热门的“偏行”,也许更容易就业。

(2)要注意所选的行业有什么规范以及对员工有什么特殊要求

许多行业有自己的工作习惯、行业用语和一些行业忌讳,不了解这些就可能成为就业的障碍,了解这些情况,对就业有很大帮助。有行业对员工有一些特殊要求,如对身体和身体素质(身高、体重、相貌等)、对学历和知识技能的要求等,要对照自身条件,判断自己是否有资格加入这些行业。

(3)要有主见,不要根据他人的好恶或评价选择工作

每种行业或工作因为性质不同,在一些人心目中的地位不一样,难免有高、低、贵、贱之分。找工作不要受他人评价的影响。只要符合自身的条件对自己来说便是好工作。

(4)要学会用法律保护自己

有少数经营者采取拖欠工资、谎称赔本等手段拒绝支付劳动报酬,骗取劳动,甚至欺辱女工的现象也时有发生。所以,进城务工的朋友必须熟悉有关的法律、法规,防止受骗,学会用法律保护自己。

(5)要懂得有关规定

如果想从事个体经营,还应懂得国家的有关规定,懂得如何办理营业资格和营业执照、如何纳税等程序,了解经营范围和经

营方式。有些城市对不同行业的个体经营都有相应的规定，了解这些规定，才能更好地从事个体经营。

4. 求职最难和最容易是哪些地方

进城找工作并不是城市越大越好，对此，在进城前就要有清醒的认识。诚然，大城市经济发达，建设速度快，就业机会多，但是进入大城市找工作的人也多，就业压力也大，竞争也激烈，往往同一个工作岗位有许多人去应聘。劳动力供大于求，用人单位会相应地提高对从业者素质的要求。而且大城市人口众多，居住拥挤，房价高，各种生活开销也大。这些都成为农民进城找工作顺利就业的障碍。因此，进城找工作不要盲目地向大城市集中，可根据情况选择一些中小城市，也许在那里你更能有所作为。

5. 面试前应做好哪些准备

面试的时候，最重要的是充满自信，从容不迫，保持良好的心态和身体状态。准备好毕业证书或学历证明、身份证、职业资格证书等相关证件及照片。再简单修饰一下自己：头发要干净，梳理整齐；穿着要整洁，色彩要协调；行业举止要符合你的年龄与身份，既落落大方又热情稳重。此外，面试前还应做好思想准备和行动准备。

(1)思想准备

首先，正确地对待挫折。如果面试成功了，那自然是好事；不成功也不要因为失败就失去信心和勇气。要勇敢地面对失败，更重要的是要总结经验教训，使这次失败为下次面试积累经验。你应该充满自信地参加下一次的面试。在面试时充满自信不仅可以鼓舞自己，也会感染他人，这对找到工作是有帮助的。

其次，要珍惜工作机会。找一份工作并不容易，进城就业不能理想化，要用一种平和的心态对待就业问题。即使找一份不理想的工作、艰苦的工作，也不能嫌弃它，而应该以“干一行爱一行”的事业心和责任感把工作做好，脚踏实地，一步一个脚印，使自己不断地有长进，为以后的发展打下坚实的基础。否则，好高骛远，高不成，低不就，最终结果恐怕就是“竹篮打水一场空”。

(2)行动准备

第一，了解你应聘的单位的具体情况。单位的经营特色、近期经营业绩、长远发展规划、企业发展的优越所在、所面临的挑战、主要负责人等。因为这些可能成为面试时的话题，如果在面试时招工负责人发现你对这些情况很清楚，不但减少上陌生感，增加了亲密感，而且使招工负责人认为你有志向，有理想，关心企业的发展，这将成为你应聘成功的重要筹码。

第二，了解你所要应聘工作的性质和特点。只有这样，面试时才能根据工作性质和特长，让别人相信你就是适合这份工作的最佳人选。

第三，把个人的基本情况用文字表达出来，也就是现在通常所说的整理一份简历和履历表。要将姓名、籍贯、性格、爱好、特长及工作经验等填写清楚，这样可以做到简单明了，面试时使对方一目了然，使面试者从材料上就很容易了解你。面试要取得好的效果，还需要事先多演练几次，要多设想面试时可能遇到的困难，可以采取的应对措施；多设想可能提出的问题，经及最合适的回答，这样可避免面试时因为紧张或其他原因而出现失误。

6. 面试时怎样留下良好的第一印象

进城找一份工作不容易。要想找到一份称心如意，干起来既得心应手又性情畅快；既能充分发挥自身的聪明才智又能获得理想收入的工作更不容易。因此，面试时给招聘者留下良好的第一印象，对你获得工作机会是非常重要的。特别建议如下。

(1)面试时不能迟到

守时是现代人的突出品质,城市与农村一个重要的区别就是具有强烈的时间观念。如果求职者迟到,首先会使对方认为你缺乏时间观念,缺乏诚信。其次,也会让你自己处于被动、尴尬的位置,导致面试的失败。面试时一定要守时,最好提前一些时间到达,在等候的过程中,可安定自己的情绪,整理好衣饰。

(2)面试时要注意穿着整洁

面试时,给人的第一印象很重要,有时可能成为面试失败的关键。可以说,对第一印象起关键作用的是外表,而我们都知道穿着可以决定外表,穿着一定要整洁,自然得体,不要给对方邋遢、不讲卫生的印象。试想,一个连自己都收拾不好的人,怎么能干好工作呢?

(3)面试时要讲文明,懂礼貌,注意礼节

言谈举止要有分寸,要尊重别人,既尊重面试人员,也要尊重与你竞争的其他应聘人员。要做到举止既大方又适度,举手投足应给人以自然、得体的感觉;说话要注意语音、语速、语调,既要让面试者听清楚,声音也不能过大;让人听起来感觉到平和、亲切,又要让人感觉到激情;语言要清晰、流利,又不能给人以背书之感。打招呼时要用礼貌用语,称呼要得体,即使别人说错了话也不能嘲笑别人。不能随便打断别人的谈话,也不能乱动面试现场的办公设施,以免引起他人的反感。同时,必须注意克服一些不良习惯,比如吸烟、随地吐痰等。

(4)面试时突出自己的能力时要谦虚、适度

能力是胜任职业的资本,展示能力要尽可能的用事实说话,不能夸大其辞;也不能过分谦虚,否则,会给人以缺乏自信心的感觉。如果是熟人推荐的,面试时也不要反复提及那个人的姓名,因为,能胜任工作不在于关系,而在于自身的能力。

(5)最好能单独前往面试

应聘面试的是自己,不要让别人陪伴前往,更不能让别人陪

伴你进入面试现场，否则，会让面试人员感到别扭，面试将很难顺利进行。更重要的是，面试人员会认为你是一个独立性不强、缺乏自信的人，你就不可能通过面试这一关。如果你一定要在亲友陪伴下参加面试，也要让他们在外面等你，决不能让其进入面试现场。

（6）要准备好回答招聘者的问题

除了学历、工作经历等与应聘职业的相关问题，招聘者有可能会问你：你能为我们做什么？为什么选择我们公司？你的业余爱好等问题。对这些问题要做好充分准备，回答提问时，要充满自信。最重要的一点：表明加盟该单位的愿望，充分表明你的诚意。

（五）签订和解除劳动合同

避免自己合法权益受到侵犯的一个重要措施就是签订劳动合同。务工者应当按照劳动合同的必备条款与用人单位进行仔细协商，避免可能侵犯自己正当利益的条款，并兼顾双方利益。合同签订后要妥善保存，防止损坏和丢失。当自己的合法权益受到侵犯时，千万不能意气用事，也不要忍气吞声，要积极与用人单位协商解决问题，协商不成再通过仲裁以至法律手段保护自己的正当权益。

如何签订劳动合同：①确立劳动关系 15 日以内，打工者必须以书面形式与用人单位签订劳动合同；②合同内容包括合同期限、工作内容、劳动保护和劳动条件、工作时间、劳动报酬、劳动纪律、合同终止条件、违反合同责任、双方约定的其他内容；③签名盖章：要与公司企业法人代表署名盖章；④明确签订合同日期及生效时间；⑤签订劳动合同时，用人单位不能收取押金；⑥合同签订后，应提交当地劳动争议仲裁机关备案。

合同的签订、履行、终止，必须依法进行，一经签订，单方面不得终止，否则应负违约责任。

以下情况,用人单位不得解除劳动合同:①患职业病或者因工负伤;②患病,在规定的医疗期以内的(依据劳动合同,一般3~12个月);③女职工在孕期、产期以内的;④法律、法规规定的其他情形。

以下情况,用人单位可以解除劳动合同:①在试用期间被证明不符合录用条件的;②违反劳动纪律或规章制度;③工作失职;④被依法追究刑事责任的;⑤患病或非因工负伤,医疗期满后,不能从事原工作的;⑥不能胜任工作的;⑦客观条件发生变化,致使原合同无法履行。

以下情况,打工者可以解除劳动合同:①在试用期以内的用人单位以暴力、威胁或非法限制人身自由的手段强迫劳动的;②用人单位不按期支付劳动报酬的;③用人单位不按合同约定提供劳动条件的。

但是,在正常情况下,打工者要解除劳动合同,应当提前30日以书面形式通知用人单位。

如何面对劳动争议:①发生劳动争议时,打工者要冷静,不能言行过激,采用合法、正当途径谋求解决;②双方应互谅、互让,自行协商解决;③如协商无效,可依法向劳动争议调解委员会申请调解;④如调解不成,可依法向劳动争议仲裁委员会申请仲裁;⑤如仲裁裁决不服,可依法向法院提起诉讼。

(六)劳动标准工作时间

中国目前实行每天工作8小时、每周工作40小时的标准工时制度。用人单位延长工作时间,一般每天不得超过1小时;因特殊原因需要延长工作时间的,在保障务工者身体健康的前提下,每天不得超过3小时,月累计不得超过36小时。如果超过这一限度,就是违法行为,应当承担相应的法律责任。

但是,当发生下列情况的紧急时间时,延长工作时间不受到限制,并且不需要和工会及务工者协商。这些情况是:

①发生自然灾害、事故或者其他突发事件。如地震、洪水、抢险、交通事故等。

②生产设备、交通运输线路、公共设施发生故障，必须及时抢修的。如自来水管道、下水管道、煤气管道泄漏或者堵塞的事件。

③法律和行政法规规定的其他情形。如在法定节日和公休假日内工作不能间断，必须连续生产、运输或者营业的工作。

④必须利用法定节日或工休假日的停产期间进行设备保修、保养的。

⑤为了完成国防紧急生产任务的。

⑥为了完成国家下达的其他紧急生产任务的。

（七）合理安排生活

1. 租住房屋注意事项

①在租房前，首先要弄清所要租住的房屋有没有“房屋所有权证”，出租人是不是房子的真实主人。如果是通过房屋中介租房，一定要寻找信誉好的中介，以免被骗。

②租房时要谈好的一些必要条件。比如：租住期限；每月的租金是多少；交房租的方式是一月一交，还是按季收取或者一年一交，一次性缴纳房租有无优惠；租房过程中的水电气费、物业管理费等是包括在房租费内还是由租房者负担。这些在租房时都要和房主谈好，双方订租房协议，从签订日起生效。

③注意房屋安全问题。在租房时，要了解房屋是否是危房，墙体有无裂缝，内部结构、门窗是否结实，水电及煤气安装是否规范，其管线是否老化等。

④租房后，不要在房内乱拉电线，不要把易燃易爆物品靠近火源，不要私自使用电炉、电热棒等高耗电器具。

⑤装修租住房屋时，事先要征得房主的同意才能进行。

2. 合理安排生活

①合理开支，妥善保存钱财。城镇务工挣钱不容易，除去必要的消费支出和寄回家的钱之外，应该将剩余的钱存到银行。因为务工流动性大，周围人员也比较复杂，把钱放在身边很容易丢失或被盗。

②要远离艾滋病。农民工在城里生活，面对较为复杂的环境，要重视预防传染病，尤其是艾滋病的传播，艾滋病主要是通过性接触传播、血液传播、母婴传播三种途径，对个人、家庭和社会的危害十分严重。所以我们要洁身自爱，遵守性道德，这是预防艾滋病的根本方法。

③要遵守交通规则。城市中人多车多，农民工应了解城市交通规则。掌握最基本的常识：交通信号灯为绿灯时，表示可以通过；黄灯时表示警示；红灯时表示禁止通行。过马路时，必须走人行道，千万不要跨越护栏。

④自强、自信、自立。“城里人冷漠，没有人情味，瞧不起我们”，这是一些到城镇打工的农民朋友们对城里人的印象，他们觉得城里人难相处，其实并非如此。俗话说，“入乡随俗”，意思是到了一个地方，就要顺应当地的风俗习惯和遵守当地的社会规范。城里人对外来务工者态度不友好，可能仅仅是务工者的一种主观感受，也可能是因为务工者的行为不符合城镇的社会规范而与城镇居民不能相融。因此，了解城镇的社会规范和生活习惯，并且遵守这些规范，这是让城里人接纳并与他们融洽相处的重要基础。每当到了一个陌生的地方，要想与当地人相处融洽，关键是我们自己要摆正自己的心态。很多农民朋友进城之后，一直有一种强烈的自卑心理，或者不平衡的心态。如果自己看不起自己，那么别人的关心都会被看成是对自己的可怜，别人善意的批评就会被看成是恶意的欺负。因此，为了改变这些看法，我们必须树立自信心，发掘自己的优势，肯定自己的能力。

每一个人都有自己的优势和劣势，我们从农村走进城镇，能够找到一份工作，凭自己的智慧和力气生活，没有什么可自卑的。每个人都有自己的生活道路。我们在城镇里工作，属于城镇的建设者之一，因此，他们也不会瞧不起我们。这样，当我们有了自信心，就有了平和的心态，即使别人有一些偏见，我们也不在乎。另外，不要拒绝与城里人沟通，也不要排斥讲普通话。因为普通话是最方便交流和沟通的语言，什么地方的人都可以听懂。不要因为害羞或者不好意思等原因不讲普通话，一味坚持讲家乡话，这样不但不利于交朋友，也不利于和别人沟通学习。在工作和生活中要大胆而坦诚地对待同事、领导、房东和周围的其他人，他人遇到困难，要热情帮助，做一些力所能及的事情，同时要学习一些礼节和卫生习惯，通情达理，努力追求上进。

⑤合理安排自己的余业生活。

务工之余，应该干点什么呢？

继续学习。如果你想在城镇里站住脚跟，自己把握自己的命运，只有通过不断的学习，提高自己的知识水平，掌握更多的技能。

交朋友。“在家靠父母，出门靠朋友”，一个人在外，还要注意交朋友，周围的同事、邻居、房东等，所有帮助过自己的人，自己也要主动帮助他们，体贴他们的难处，做一些自己力所能及的事。还可以跟朋友多交流交流工作的经验和体会，互相学习，共同进步。

远离黄赌毒。赌博的人十有八九都输，而且输得一干二净，甚至家破人亡，赌台好上不好下，千万不要靠近它。黄色书刊、黄色录像、黄色娱乐场所等，都是我们国家法律明令禁止的，一旦违反，就要负法律责任。任何形式的买卖毒品和吸毒都是犯罪行为，毒品会毁掉人的一生，在任何情况下都要远离毒品；

少睡懒觉。有的人工作很累，所以业余时间就拼命地睡觉，什么事情都懒得想，这也是不对的。业余时间休息是应该的，但睡懒觉容易消磨人的意志和进取心，还对身体有害，因此也应该戒除。

多与外界交往。有的务工者只与老乡或者小圈子的几个人交往，不愿意结交更多的人，这不利于自身的发展。因为这样会阻碍你扩大视野，增长见识，会限制你的思路，影响你的前途，也会减少生活的乐趣。所以应该敞开心灵，去接触来自五湖四海的朋友。

⑥记住常用的救助电话。需注意的是，打这些电话要尽量使用普通话，要把事情简明扼要说清楚。

参考文献

[1]寇化勇等．新型农民科学素质读本．北京:中国农业科学技术出版社,2001
[2]李明．农产品质量安全．成都:四川教育出版社,2008
[3]司法部律师资格考试委员会．全国律师资格考试大纲．北京:中国政法大学出版社,1998
[4]吴雪燕．农民工劳动就业法律知识100问．重庆:重庆大学出版社,2007
[5]浙江省社会科学院学研究所．农民维权300问．杭州:浙江人民出版社,2005
[6]辽宁省科学技术协会．农民建房与庭院绿化读本．沈阳:辽宁科学技术出版社,2009
[7]农业部农民科技教育培训中心、中央农业广播电视学校．现代农业创业指导．北京:中国农业出版社,2008
[8]中共湖北省委宣传部．新农民读本．武汉:湖北人民出版社,2006
[9]李绍光．政府在社会保障中的责任．经济社会体制比较,2002(5)
[10]涂文明．城市化进程中失地农民社会保障模式的选择和建构．理论导刊,2004(12)
[11]赵国辉．失地农民养老堪忧．中国保险,2005(9)
[12]辽宁省科学技术协会．农民家庭卫生防疫及健康读本．沈阳:辽宁科学技术出版社,2009
[13]四川省绿色证书教材编写委员会．农户家庭经营管理．成都:四川教育出版社,2009
[14]陈焱等．进城务工教育读本．北京:中国劳动社会保障出版社,2004